I0644505

OSSARIUM

Beinhäuser der Schweiz

PVER
VALA
ERNG
LAGO

Gedruckt mit freundlicher Unterstützung von Swisslos / Kulturförderung Kanton Graubünden, der Kulturförderung des Kantons Wallis, des Zentrums für Religion, Wirtschaft und Politik sowie von Patrik Heiniger, Christina Höpflinger-Gillardon und Jrene und Christian Müller.

SWISSLOS KULTURFÖRDERUNG KANTON GRAUBÜNDEN

Le Canton du Valais encourage la culture
Der Kanton Wallis fördert Kultur

OPTICA Christian Müller CLINÖZ
STRADUN 7550 SCUOL

ZRWP
ZENTRUM FÜR RELIGION | WIRTSCHAFT | POLITIK

Bibliografische Information der Deutschen Nationalbibliothek
Die Deutsche Nationalbibliothek verzeichnet diese Publikation in der Deutschen Nationalbibliografie; detaillierte bibliografische Daten sind im Internet über http://dnb.dnb.de abrufbar.

Umschlaggestaltung
Mario Moths, Marl
Unter Verwendung einer Fotografie des Beinhauses in Leuk, Wallis, von Yves Müller © Yves Müller, Zürich.
Layout und Satz
Mario Moths, Marl

Druck
Westermann Druck Zwickau GmbH

ISBN 978-3-290-22034-1
© 2016 Pano Verlag Zürich
www.pano.ch

Alle Rechte vorbehalten

FSC www.fsc.org MIX Papier aus verantwortungsvollen Quellen FSC® C110508

OSSARIUM

Beinhäuser der Schweiz

Anna-Katharina Höpflinger und Yves Müller

Fotografien von Yves Müller

Mit Beiträgen von
Jean-Pierre Brunner, Melanie Eyer,
Paul Koudounaris und Regula Odermatt-Bürgi

PVER
VALA
ERNG
LAGO

INHALT

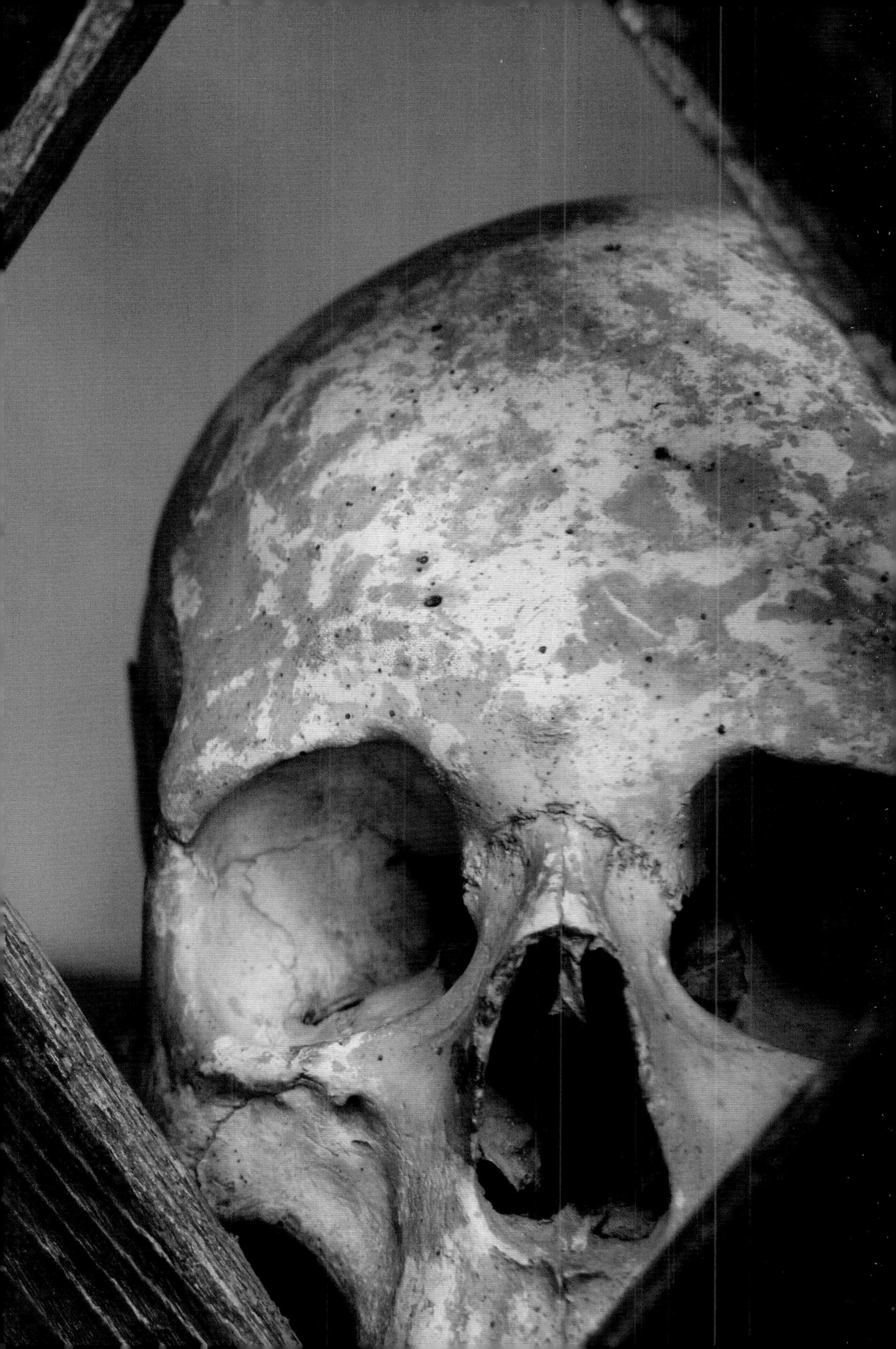

VERGANGENE PRÄSENZ

Einleitung

In Lumbrein wird erzählt, dass zwei junge Frauen im *carnèr*, dem Beinhaus, für die dort präsentierten Verstorbenen den Rosenkranz gebetet und sich danach vor jenes Ossarium gesetzt hätten, um zu plaudern.[1] Ein junger Mann, der in eine der beiden verliebt war, sei ihnen nachgeschlichen und habe sich im Beinhaus versteckt. Um die Aufmerksamkeit seiner Angebeteten zu erhalten, habe er beim Fenster des Ossariums mit den Schädeln gerasselt, worauf die beiden Frauen erschrocken geflohen seien. Der Bursche jedoch sei bestraft worden, weil er die Verstorbenen nicht in Ruhe gelassen habe.[2]

Diese Geschichte lässt einige aufschlussreiche Beobachtungen zu: In Lumbrein, einer römisch-katholisch geprägten Ortschaft in der Bündnerischen Val Lumnezia, gab es zu der Zeit, als die Erzählung kursierte (sie wird noch in der ersten Hälfte des 20. Jahrhunderts erzählt), ein Beinhaus, in dem Schädel zu sehen und zu berühren waren. Die Bewohner und Bewohnerinnen integrierten dieses Ossarium in ihre religiöse Praxis, beispielsweise indem sie dort Rosenkränze beteten. Aber Beinhäuser bargen anscheinend auch das Potenzial, dass man in ihnen Schabernack trieb. Der junge Mann betet nicht im Beinhaus, sondern er benutzt die Schädel, um die Aufmerksamkeit einer jungen Frau zu erlangen. Also zu einem ganz profanen[3] Zweck.

Je nach Region werden die Ossarien auch Karner, Kerker oder Kerchel genannt.

Solche Ossarien, in denen Gebeine präsentiert werden, existieren noch immer, unter ihnen auch jenes von Lumbrein. Dort sind die Schädel hinter Holzgitter und Glasscheibe heute nur noch dezent zu sehen. Mit ihnen zu «rasseln», ist also nicht mehr möglich. Im nahe gelegenen Vrin dagegen sind Totenköpfe in die Fassade der Beinhauskapelle eingemauert und deshalb prominent sichtbar. Sie zeugen von der Funktion der Kapelle, die sie dekorieren, und erinnern auch zufällig Vorbeigehende auf beeindruckende Art und Weise an den Tod.[4] Ähnlich offensichtlich ist das Gedenken an den Tod auch in Naters im Kanton Wallis: Durch ein grosses Fenster eröffnet sich den Besuchern und Besucherinnen eine imposante Schädelwand aus aufeinander geschichteten Totenköpfen und Oberschenkelknochen, die an die vielen vergangenen Generationen erinnert (Abb. 1). In Saxon, ebenfalls im Wallis, werden die menschlichen Knochen dagegen als ungeordneter Haufen präsentiert und mahnen so eher an die Vergänglichkeit des Menschen.

Diese Beispiele widerlegen die Vorstellung, dass die Sepulkralkultur in der Schweiz unspektakulär, (zu) sauber oder (zu) modern sei. Beinhäuser ermöglichen einen Blick auf einen anderen, altertümlich anmutenden, aber nichtsdestotrotz präsenten Umgang mit dem Tod.

Abb. 1:
Die imposante Schädelwand in Naters, Wallis.

Relikte aus der Vergangenheit?

Beinhäuser eröffnen einen Blick auf einen nur wenig bekannten Aspekt der Schweizer Kulturgeschichte. In der Schweiz existieren zwar heute noch mehrere Duzend Beinhäuser, in denen Schädel und Knochen ausgestellt werden. Vielfach ist jedoch nur in Ortschaften, die über ein Ossarium verfügen, Wissen über diese religionsgeschichtlich relevanten Bauten vorhanden. Beinhäuser – wenn der Begriff überhaupt geläufig ist – werden heute zu Unrecht als ein volkstümliches, pietätsloses Relikt aus der Vergangenheit angesehen. Wenn wir interessierten Personen von unserem Projekt erzählten, tauchte deshalb oft zuerst die Frage auf, was Beinhäuser denn überhaupt seien und wozu diese dienten.

Beinhäuser entstanden aufgrund von Platzmangel auf den Friedhöfen.

Die Frage nach einer Definition von Beinhäusern lässt sich einfach beantworten: Als in der Vergangenheit die Friedhöfe keine Kapazität für neue Bestattungen hatten, wurden die im Boden vorhandenen Knochen ausgehoben und im Rahmen einer Zweitbestattung in einem Beinhaus wieder zur Ruhe gelegt. Was allerdings grössere Schwierigkeiten bereitet, ist die Erklärung der vielschichtigen Verwendung von Knochenhäusern. Wie wurden Ossarien von der ansässigen Bevölkerung verstanden, wie wurden sie verwendet – und werden sie heute noch benutzt? Wir möchten diesen und weiteren Fragen im vorliegenden Buch genauer nachspüren.

Die Art, Entwicklung und Verwendung von Beinhäusern in der Schweiz ist bis anhin nur teilweise wissenschaftlich erforscht. Das vorliegende Buch basiert auf diesen bisherigen Forschungen. Dabei treten vor allem die Arbeiten von Regula Odermatt-Bürgi und Paul Koudounaris hervor.[5]

Aber auch das öffentliche Interesse für diese Gebäude und deren Inhalt hält sich in Grenzen. Der Erhalt der Beinhäuser hängt oft vom Engagement von Einzelpersonen ab. Ossarien wurden in vielen Gegenden der Schweiz bereits im Zuge der Reformation geschlossen. Vor allem seit dem 19. Jahrhundert wird auch in römisch-katholischen Regionen von verschiedenen Seiten her diskutiert, wie mit den aufgestapelten Gebeinen und den sie umgebenden Bauten umgegangen werden soll. Diese Debatten spiegeln religiöse Veränderungen, aber auch den gesellschaftlichen Wandel des Umgangs mit dem Tod wider. Generell lässt sich vor allem im 19. und 20. Jahrhundert die Tendenz feststellen, Beinhauskapellen zu schliessen, die Gebeine im Sinne einer Drittbestattung wieder zu begraben und die Gebäude umzunutzen. Auch heute noch werden Stimmen laut, die ein Ausräumen noch vorhandener Ossarien fordern.

In Bild und Text

Das vorliegende Buch möchte die öffentliche Aufmerksamkeit für diese kulturhistorisch wichtigen Bauten gewinnen und vergrössern. Ossarien sind ein Teil der Schweizer Geschichte sowie Orte der Ruhe und des Nachdenkens über Leben und Tod. Sie wurden, bereits in der Vergangenheit, nicht nur für die Toten, sondern vor allem auch für die Lebenden erbaut, beispielsweise als Gebetsräume, als *memento mori*-Gedenkstätten oder als Erinnerungsorte.[6]

Abb. 2: Schädel im Beinhaus von Steinen, Schwyz.

Beinhäuser stellen unseres Erachtens ein wichtiges Bindeglied zwischen geschichtlichen und gegenwärtigen Relationen der Menschen zum Tod dar. Das Materielle und das Visuelle bilden dabei zentrale Aspekte, um Ossarien zu verstehen: In Beinhäusern wird der Tod durch Gebeine, aber auch durch Wandmalereien und Sinnsprüche anschaulich gemacht. Das vorliegende Buch nähert sich diesen kultur- und religionsgeschichtlich wertvollen Bauten deshalb auf zwei unterschiedliche Weisen: literarisch und fotografisch. Die Kombination von Bild und Text ermöglicht es, Beinhäuser von verschiedenen Blickwinkeln aus zu erhellen. Die Bilder im vorliegenden Buch stellen also keineswegs Illustrationen der Texte dar (oder umgekehrt), sondern beide, Texte und Bilder, bilden eigenständige, aber sich ergänzende Argumente. Die Bilder in den Aufsätzen und den regionalen Teilen zeigen das heutige Aussehen der Ossarien und ihres Inhalts und bringen so das Phänomen Beinhäuser den Lesenden visuell näher. Diese Fotos sagen durch ihren Detailreichtum oft mehr als tausend Worte. Zwischen die Texte sind zusätzlich grossformatige Fotografien gesetzt, die auf die Gebeine fokussieren. Sie sind als *memento mori* zu betrachten und übernehmen damit eine der Funktionen von Ossarien.

Abb. 3: Schädel im Ossarium von Custoza, Italien.

Von Graubünden bis ins angrenzende Ausland: Die regionalen Kapitel

Eine der grössten Herausforderungen für uns war es zunächst, die in der Schweiz noch vorhandenen Beinhäuser überhaupt ausfindig zu machen. Während einige davon bekannt waren, erwies sich das Aufspüren von anderen als wahre Detektivarbeit. Vor allem an Informationen zum Zustand der Bauten und zu Art und Herkunft allfälliger Knochensammlungen zu gelangen, stellte sich bisweilen als äusserst schwierig dar. In den meisten kultur- und kunstgeschichtlichen Beiträgen über Kirchen wurden die Beinhausgebäude und ihre Inhalte nur am Rande (oder sogar überhaupt nicht) erwähnt. Vor allem das Abbilden und Beschreiben von sterblichen Überresten scheint in unserer Kultur heute ein Tabu darzustellen.

Im Rahmen unseres Projektes wurden von uns schliesslich Informationen über rund 160 Ossarien in der Schweiz und im angrenzenden Ausland gesammelt. Nachdem wir eine Liste von Ortschaften, die noch intakte Beinhäuser aufweisen, zusammengestellt hatten, haben wir die meisten davon besucht. Die ursprünglich kleine Recherchearbeit verwandelte sich in tagelange Ausflüge quer durch die gesamte Schweiz. Während dieser

Abb. 4:
Auf dem Dachstock der Kirche von Reckingen, Wallis, ruhen zwei Katakombenheilige.
Dies sind Skelette aus den Katakomben von Rom, die in aufwändiger Klosterarbeit dekoriert wurden. Sie standen früher im Beinhaus von Reckingen.

Besuche entstanden zahlreiche Kontakte zu Personen, die sich in «ihrem» Beinhaus bestens auskannten. Wir haben diese Informationen notiert und für die Kurzbeschreibungen der einzelnen Beinhäuser verwendet. Unsere Reise hat uns auch zu Beinhäusern geführt, die für die Öffentlichkeit nicht zugänglich sind. Zu diesen Orten gehören zum Beispiel die Zisterziensenrinnenabtei in Eschenbach, in der die Schädel der verstorbenen Ordensschwestern ausgestellt sind, das Beinhaus im Bündnerischen Santa Maria di Calanca, wo man nur durch einen kleinen Spalt in der Bodenplatte noch Gebeine erkennen kann, oder die Katakombenheiligen auf dem Kirchendachstock im Walliser Reckingen (Abb. 4), die früher im Beinhaus gelagert wurden und jetzt vor neugierigen Blicken verborgen ihre letzte Ruhe gefunden haben.

Im vorliegenden Buch finden sich Kurztexte zu Beinhäusern der heutigen Schweiz und des angrenzenden Auslands, in denen heute noch Knochen vorhanden sind. In den vertiefenden Aufsätzen und den grossen Bildern wird auch Bezug auf Ossarien im weiteren Ausland genommen.

Im Gegensatz zu Reliquien handelt es sich bei Knochen in Beinhäusern um diejenigen gewöhnlicher Menschen.

Das vorliegende Buch basiert auf den Fotografien und Beobachtungen, die wir bei unseren Besuchen der Beinhäuser gemacht haben. Es ist nach geografischen Räumen strukturiert, was dazu dient, die Organisation von Besichtigungstouren zu erleichtern. Aus Platzgründen und um die «traditionellen»[7] Funktionen von Ossarien zu betonen, haben wir uns entschieden, nur Beinhäuser in der heutigen Schweiz und im angrenzenden Ausland, in denen auch heute noch menschliche Knochen präsentiert oder zumindest gelagert werden, genauer zu betrachten. Katakombenheilige und Reliquien werden im vorliegenden Buch nicht berücksichtigt; Bilder dazu werden nur in Ausnahmefällen gezeigt.[8] Der Grund dafür ist, dass den Knochen in diesen Fällen eine ganz andere Bedeutung zugeschrieben wird als den Gebeinen in Ossarien. In Beinhäusern werden nämlich keine Heiligen aufgebahrt, sondern die Gebeine gewöhnlicher verstorbener Menschen versammelt. Dies verleiht ihnen theologisch eine andere Bedeutung und hat eigenständige Praktiken rund um die Gebeine zur Folge. Graubünden als der Kanton, der noch am meisten mit Gebeinen bestückte Ossarien aufweist und uns als Bündner und Bündnerin besonders am Herzen liegt, bildet den Anfang der literarisch-visuellen Reise. Ihm folgt das Wallis, wo sich unter anderem die bekannten Beinhäuser von Leuk und Naters befinden. Die bereits gut erforschte Innerschweiz[9] bildet die Mitte des Buches, danach wird ein Blick auf die Ossarien in der übrigen Schweiz geworfen. Zum Schluss werden einige der angrenzenden Beinhäuser in Österreich, die in enger Interaktion zur heutigen Schweiz standen, thematisiert .

In diesen regionalen Kapiteln sind die einzelnen Ortschaften alphabetisch sortiert. Ein kurzer exemplarischer Beschrieb jedes Ossariums begleitet die Fotografien. Da in Graubünden vielfach die offiziellen Ortsnamen in den 1940er Jahren vom Deutschen ins Romanische wechselten, jedoch ein Teil der zu findenden älteren Sekundärliteratur über die betreffenden Beinhäuser vor 1940 erschienen ist, ist zur Erleichterung einer weiterführenden Recherche im Anhang eine Liste mit der Angabe beider Namen zu finden. Ebenso geben wir bei Ortsnamen in der französischsprachigen Schweiz allfällige deutsche Bezeichnungen an (und umgekehrt).

Abb. 5:
Die «Knochengestelle» in Feldkirch-Rankweil, Österreich. Das Beinhaus befand sich eine Zeit lang im Einflussbereich des Bischofs von Chur.

Schädel, Beinhausarchitektur und Bemalung: Die vertiefenden Aufsätze

Wie im letzten Kapitel erwähnt, war es nicht immer einfach, an vertiefte Informationen über Beinhäuser zu gelangen. Wir wollten mehr über einzelne Ossarien wissen, uns stellten sich aber auch grundlegende Fragen über die Geschichte, die Architektur, die theologische Bedeutung, frühere Funktionen und heutige Verwendungszusammenhänge von Beinhäusern.

Für die Behandlung dieser allgemeineren Fragen haben wir uns an Beinhaus-Fachleute gewandt. Zwischen die geografischen Teile sind deshalb vertiefende Kapitel gestellt, die aus einer Experten- und Expertinnensicht auf grundlegende Fragen rund um Ossarien Antworten geben.

Eine der ergiebigsten Quellen und eine grosse Hilfe bei unserer Recherche war die Lizentiatsarbeit von Regula Odermatt-Bürgi mit dem Titel *Beinhäuser: Geschichte – Architektur – Funktion. Unter besonderer Berücksichtigung der Innerschweizer Beinhäuser* von 1976. In dieser Arbeit präsentiert Regula Odermatt-Bürgi eine ausführliche Liste aller Innerschweizer Beinhäuser, die auch heute – rund 40 Jahre später – immer noch aktuell ist. Umso mehr hat es uns gefreut, dass Regula Odermatt-Bürgi als Expertin für Schweizer Beinhäuser, Totentänze und Sepulkralkultur ein Kapitel zum vorliegenden Buch beigesteuert hat. Sie widmet sich der grundlegenden Frage, was Beinhäuser sind und wie sich ihre Bedeutung und Architektur über die Jahrhunderte hinweg verändert haben. Regula Odermatt-Bürgi spürt den Ossarien aus einem historischen Blickwinkel nach, wobei sie nicht mit ihrem enormen Wissen über Beinhäuser geizt und auch Episoden aus ihrer eigenen Kindheit und Jugend in der Innerschweiz zu erzählen weiss.

Abb. 6: Schädel im Beinhaus von Stans, Nidwalden.

Nach Regula Odermatt-Bürgis Beitrag kommt ein Vertreter der römisch-katholischen Kirche zur Sprache: Pfarrer Jean-Pierre Brunner hat uns während unserer Recherche eine ausgezeichnete Führung durch das Beinhaus von Naters geboten, weshalb wir ihn im Nachhinein um eine Verschriftlichung seiner Gedanken gebeten haben. Wir haben ihm dazu Fragen vorgelegt, die er ausführlich beantwortet hat. Fragen und Antworten sind im Anschluss in einen Lauftext integriert worden. Dabei stehen bei diesem Gespräch Fragen nach der theologischen Bedeutung von Beinhäusern damals und heute, aber auch nach den Möglichkeiten, Ossarien in eine gegenwärtige römisch-katholische Praxis zu integrieren, im Zentrum.

Eine wichtige Funktion von Ossarien bildet, wie Pfarrer Brunner ausführt, das Bewusstwerden der eigenen Sterblichkeit. Beinhäuser waren vor allem seit der Barockzeit[10] integriert in *memento mori*-Vorstellungen. Um dieses Todesgedenken visuell zu verstärken und imposanter erscheinen zu lassen, wurden Gebeine vielfach zu kunstvollen Formen wie Knochenpyramiden (wie ehemals in Dornach oder Wolfenschiessen) aufgeschichtet. Es finden sich aber auch opulente Gebeinsinszenierungen, die ganze Kapellenräume einnehmen, etwa im italienischen Milano oder dem tschechischen Kutná Hora.

Abb. 7 a und b: Die opulent inszenierten Gebeine im Sedlec-Ossarium in Kutná Hora, Tschechien, aus dem 19. Jahrhundert.

Aber auch Totentänze und *memento mori*-Spruchbänder sind ein in Beinhäusern wiederkehrendes Motiv der Todeserinnerung. Die Religionswissenschaftlerin Melanie Eyer widmet ihren Beitrag dieser speziellen Tradition. Sie fokussiert auf in Beinhäuser integrierte Totentänze und fragt nach der Bedeutung dieser Motive in einem geschichtlichen Kontext.

Wie bereits Regula Odermatt-Bürgi am Ende ihres Kapitels deutlich macht, werden Beinhäuser, obwohl sie gegenwärtig marginalisiert werden, auch heute noch genutzt. Dabei zeigen sich sehr verschiedene Verwendungskontexte, auch solche, die einen institutionell römisch-katholischen Rahmen sprengen: Ossarien und ihre Inhalte gelten als Kulturgut; sie werden in touristische Konzepte integriert oder von Leuten neuer religiöser Bewegungen, wie der Esoterik, in ihre Weltbilder integriert. Sie werden aber auch profanisiert und für ganz alltägliche Zwecke, zum Beispiel als Abstellräume, genutzt. Ein von uns verfasster Beitrag vertieft deshalb aus einer kulturwissenschaftlichen Sicht diese verschiedenen gegenwärtigen Verwendungszwecke von Beinhäusern.

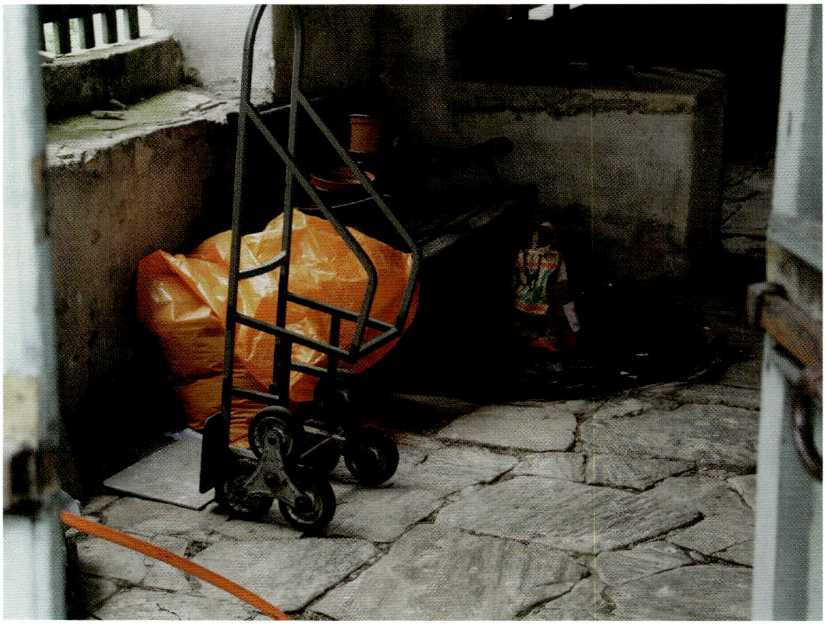

Abb. 8: Das Beinhaus von Santa Domenica, Tessin, wird heute als Abstellraum verwendet.

Die Initialzündung für das vorliegende Projekt war das Buch *Empire of Death* (2011) des US-amerikanischen Historikers und Fotografen Paul Koudounaris. Er kombiniert in seinen Forschungen einen präzisen geschichtlichen Blick mit von ihm gemachten Fotografien heute noch vorhandener Ossarien und anderer mit dem Tod verbundener Gebäude und Artefakte.[11] Diese Kombination macht seine Bücher einzigartig; seine Ausdauer, die ganze Welt zu bereisen, um Beinhäuser und Totenkultpraktiken zu fotografieren, macht sie umso imposanter. Es ist eine grosse Ehre, ihn als Experten im vorliegenden Buch vertreten zu haben. Paul Koudounaris schreibt über die Tradition der Schädelbemalung, wie sie in verschiedenen europäischen Gebieten vorzufinden ist, und bildet damit einen argumentativen Brückenschlag zwischen der Schweiz und den sie umgebenden Ländern.

Das wohl bekannteste Beinhaus mit bemalten Schädeln befindet sich in Hallstatt (A). Man muss jedoch nicht unbedingt eine so weite Reise auf sich nehmen, um solche Kunstwerke zu bewundern. Wenige Kilometer von der Schweizer Grenze entfernt lässt sich diese Tradition auch in Galtür (A) finden. In der Schweiz selbst ist die Bemalung zwar eher selten, aber dennoch ab und zu vorhanden. Davon zeug(t)en beispielsweise die Totenköpfe in Eschenbach, ein Schädel in Wolfenschiessen, einer in Arvigo, mehrere in Stans und Sevgein oder die mit Jahreszahlen in Bleistift angeschriebenen Kalvarien in Steinen, in Bürglen und in Sagogn sowie früher die Schädel im Bündnerischen Tinizong.

Abb. 9 a–c: Die bemalten Schädel von Hallstatt, Österreich.

Das vorliegende Buch wird abgerundet mit einem Nachwort, das als Plädoyer für den Erhalt von Beinhäusern gestaltet ist. Denn Ossarien, so unsere Meinung, sind kulturhistorisch wertvoll und bieten gleichzeitig auch heutigen Menschen verschiedene Deutungsmöglichkeiten für einen Umgang mit dem Tod.

Dank

Wir möchten den Autoren und Autorinnen, die uns bei diesem Projekt unterstützt haben, ganz herzlich danken. Ohne Euch wäre dieses Buch nicht möglich gewesen!

Besonders danken wir auch Dolores Zoe Bertschinger, die das vorliegende Buch lektoriert hat, sowie dem Pano Verlag, vor allem Corinne Auf der Maur, Lisa Briner und Hansruedi Hausherr, für die kompetente und gute Zusammenarbeit.

Wir danken Swisslos / Kulturförderung Kanton Graubünden, der Kulturförderung des Kantons Wallis, dem Zentrum für Religion, Wirtschaft und Politik, Patrik Heiniger, Christina Höpflinger-Gillardon sowie Jrene und Christian Müller für die grosszügige finanzielle Unterstützung unseres Projektes.

Dieses Buch wäre nicht realisierbar gewesen ohne die Hilfe vieler verschiedener Personen in den Pfarreien und Gemeinden. Sie haben uns ihre Beinhäuser geöffnet, unzählige Fragen beantwortet, uns Informationen über Ossarien geliefert und uns sogar bewirtet. Wir möchten ihnen allen unseren herzlichen Dank aussprechen.

Besonders danken möchten wir

Guido von Arx, Egerkingen – für die vielen Informationen über das Beinhaus
Pfr. David Blunschi, Stans – für die aufschlussreiche Führung
Pfr. Jean-Pierre Brunner, Naters – für die interessante Führung, die Zusatzliteratur und das Interview
Renata Bucher, Domat/Ems – für die hervorragende Führung und die Literaturtipps
Léa Burger – für das unkomplizierte und lustige Fotoshooting in Bubikon
German Carlen, Reckingen-Gluringen – für die geheimnisvolle Führung zu den versteckten Katakombenheiligen
Armin Cavelti, Sagogn – für die sympathische Führung und den Tee
Sr. M. Cäcilia, Eschenbach – für die freundliche Führung und die vielen Erläuterungen, die weit über das Thema Beinhäuser hinausgingen
Camilius Collenberg, Lumbrein – für die engagierte Führung und die unzähligen Informationen
Marianne und Ernst Gerber, Sumiswald – für die tolle Hausbesichtigung

Wilfried Kleinfercher, Rankweil (Feldkirch) – für die vielen hilfreichen Informationen und das Öffnen des Beinhauses

Monica und Michael Kühn, Alvaschein/Mistail – fürs Öffnen des Beinhauses und den Hinweis auf das Grab

Pfr. Erich Lehmann, Wolfenschiessen – der uns freundlicherweise das Fotografieren erlaubt hat, obwohl wir unangemeldet aufgetaucht sind

Hannah Löken – für das Fotoshooting auf der Insel Ufenau

Markus Lüönd und Markus Thurnherr, Rapperswil – für die aufschlussreichen Informationen

Ida Maissen, Sevgein – für die tolle Führung

Karin Meyer, Pfeffingen – für die interessanten Informationen

Herbert Moser, Ludesch – für die spannende Führung und das Öffnen des Karners

Pfr. Rudolf Nussbaumer, Steinen – für das Öffnen des Beinhauses

Pater Paul Peng, Oberiberg – für das komplizierte Öffnen des Gitters und die unzähligen Informationen

Carlo Schmidt, Leuk – für die vielen wichtigen Zusatzinformationen

Toni Stadler-Gnos, Bürglen – für die Informationen und die freundliche Unterstützung des Projektes

Hansjörg Stalder, Hasle – für die kurzfristige Erlaubnis zum Fotografieren

Genevieve Thurre, Saxon – für das Öffnen des Beinhauses und das nette Gespräch

Daniela Tracht, Bubikon – für die vielen Informationen und die zusätzliche Literatur

Ausserdem danken wir den Pfarreien von Leuk, Rickenbach und Wolhusen für die Erlaubnis, in den Beinhäusern zu fotografieren. Ein herzlicher Dank geht auch an Daria Pezzoli-Olgiati, Marie-Therese Mäder, Natalie Fritz, Baldassare Scolari und Jacqueline Grigo für ihre Hilfe und ihre kritischen Anmerkungen.

Zuletzt danken wir sämtlichen Personen, die in der einen oder anderen Weise in dieses Projekt involviert waren und mit ihrer Hilfe dazu beigetragen haben, das vorliegende Buch zu realisieren: Peter Salomon, David, Florian und Stephanie für das *location scouting.* Guy für die Empfehlung, *Empire of Death* zu kaufen, Ferdy für sein ewiges Grinsen (trotz der Schwierigkeit, als Giraffe aus dem See zu trinken), Bruno sowie Jrene und Christian für die Unterstützung. Ausserdem Conne für seine beständige Förderung des Projektes, Alexander und Cornelius, die zu verschiedenen Beinhäusern mitgeschleppt wurden und diese Besuche (mehr oder weniger) stoisch mitmachten, sowie Christina und François und Elisabeth und Hanspeter für die immense grosselterliche Unterstützung.

Grazia fich!

Anna-Katharina Höpflinger und Yves Müller, Januar 2016

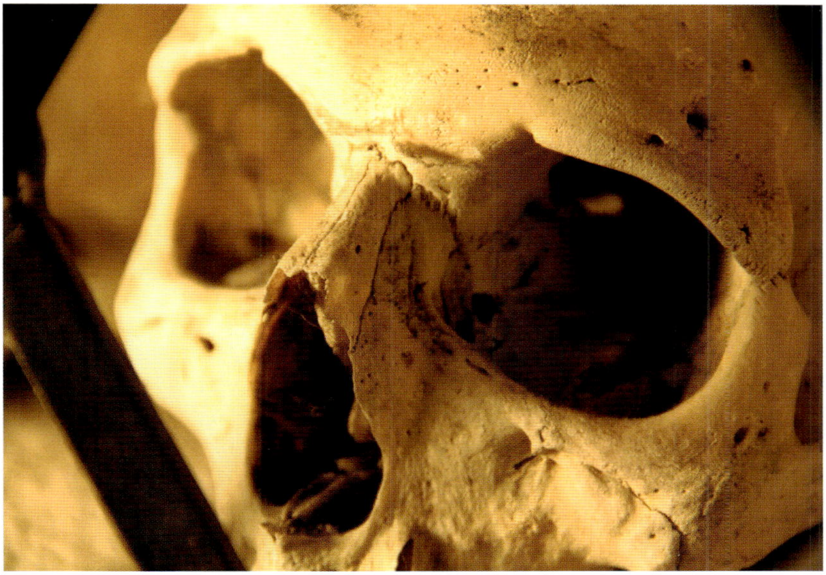

Abb. 10 a:
Aus dem Beinhaus von Wildschönau-Thierbach, Österreich.

Abb. 10 b:
Schädel aus Wolfenschiessen, Nidwalden.

ANMERKUNGEN

1 Wir verwenden im vorliegenden Buch Beinhaus und Ossarium synonym. Die anderen Begriffe werden im Folgenden im Hinblick auf den regionalen Sprachgebrauch benutzt: Karner vor allem für die Beinhäuser in Österreich, Kerchel für das Ossarium in Schwyz oder in Muotathal, Kerker für das in Steinen.

2 Siehe Büchli 1966, 567f.

3 Verstanden als «nicht mehr religiös». Den dazu gehörigen Vorgang bezeichnen wir als Profanisierung.

4 Siehe Caminada 2003, 19ff.

5 Siehe die in der Bibliografie genannten Werke von Odermatt-Bürgi und Koudounaris. Für Karner in Österreich siehe Sörries 1996; Westerhoff 1989; für Beinhäuser in Deutschland z. B. Zilkens 1983; Ossarien in Elsass-Lothringen thematisiert Lang 1998.

6 Siehe Sörries 2005.

7 Wenn wir im vorliegenden Buch von «traditionell» sprechen, sind Vorstellungen über und Praktiken in Beinhäusern gemeint, die sich im Mittelalter ausbildeten und im 19. Jahrhundert besonders stark zu ändern begannen, wobei sie zum Teil noch heute anzutreffen sind. Vor allem das Gebet in Beinhäusern wird von uns in diese Kategorie eingereiht. Hauser verortet einen Höhepunkt solcher «traditioneller» Praktiken in der Zeit zwischen Spätmittelalter und dem 18. Jahrhundert. Siehe Hauser 1994.

8 Für weitere Informationen zu Katakombenheiligen siehe die ausgezeichnete Abhandlung bei Koudounaris 2014.

9 Siehe die Arbeiten von Regula Odermatt-Bürgi.

10 Der barocke Stil hat die römisch-katholischen Kirchen der Schweiz kunst- und architekturgeschichtlich stark geprägt.

11 Siehe Koudounaris 2011; Koudounaris 2014; Koudounaris 2015.

BEINHÄUSER *IN GRAUBÜNDEN*

Alvaschein (Mistail): *«Was wir sind, das werdet Ihr …»*

Kirche St. Peter

Nicht alle, aber viele Beinhäuser sind nach Süden ausgerichtet. Dahinter steht die Idee, dass die Verstorbenen sich nach Licht und Wärme sehnen.

Die Kirche des ehemaligen Klosters Mistail erhebt sich über die Albulaschlucht und lädt zum stillen Verweilen ein. Im Inneren ziehen Wandmalereien aus drei verschiedenen Epochen (der karolingischen, des frühen 15. und des 17. Jahrhunderts) den Blick auf sich. Mistail ist eine der schönsten Dreiapsidenkirchen der Schweiz und wird auf die Zeit um 800 datiert. Später wurde sie durch mehrere Anbauten erweitert, in einem davon befindet sich das Beinhaus. Es ist an der Südseite des Kirchenschiffs zu finden und weist einen für Beinhäuser typischen Schlüssellocheingang auf, der durch ein Holzgitter verschlossen ist. Im Innern ist eine Wand aus zum Teil zerbrochenen Langknochen sowie eine Reihe von Totenköpfen, die vor allem noch aus der Schädeldecke bestehen, zu entdecken. Der Raum hinter der Knochenwand ist mit weiteren Gebeinen aufgefüllt. Eine Holztafel mit der Inschrift «Was wir sind / das werdet Ihr / Was Ihr seid / das waren wir» erinnert die Besucher und Besucherinnen an die Realität des Todes und bildet zusammen mit den Gebeinen ein beeindruckendes *memento mori*.

Das Beinhaus von Mistail ist rund um die Uhr durch ein Gitter einsehbar.

Arvigo: *U E F*

Katholische Pfarrkirche San Lorenzo

Arvigo ist der bereits früh besiedelte Hauptort des Bündnerischen Calancatals. Die mitten im Dorf gelegene Kirche San Lorenzo stammt aus dem

Einer der Schädel in Arvigo ist mit den Buchstaben U E F angeschrieben, die anderen sind unbemalt.

15. Jahrhundert. Das Beinhaus befindet sich direkt neben der Kirche. Es präsentiert sich als charmantes, nicht restauriertes, nahezu quadratisches Gebäude mit einem kleinen Anbau, der vielleicht später hinzukam. Auf der – wenn man davorsteht – rechten Seite erkennt man einen grösseren Raum, der mit dem für Beinhäuser typischen Schlüssellocheingang ausgestattet ist und heute als Abstellkammer verwendet wird. Vermutlich waren früher dort die Gebeine ausgestellt. Links davon befindet sich der kleine Anbau, der in ein Obergeschoss und ein Untergeschoss unterteilt ist. Oben sieht man Statuen der Heiligen Familie mit Jesus in der Krippe. Unten, verschlossen durch ein nicht zu öffnendes Holzgitter, sind eine stattliche Anzahl Schädel und Gebeine zu erkennen.

Das Beinhaus ist rund um die Uhr öffentlich zugänglich.

Cumbel: *Zwischen Himmel und Fegefeuer*

Katholische Pfarrkirche St. Stephan

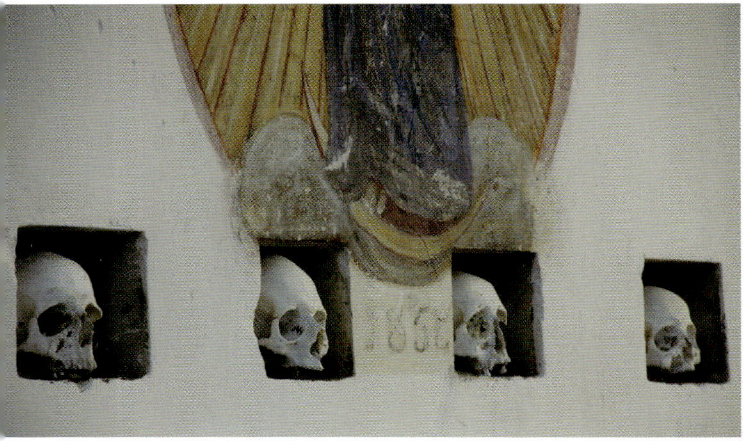

Auf dem Beinhaus in Cumbel findet sich ein Versprechen auf ein jenseitiges Heil[1] bildlich als Fassadenmalerei aus dem 19. Jahrhundert: Über zwei Fenstern schmoren Verstorbene nackt im Fegefeuer und recken ihre Arme hilfesuchend nach oben. Dort steht zwischen den beiden knienden Heiligen Stephanus und Mauritius (mit Lanze) Maria als Himmelskönigin auf dem

Mond, bekleidet mit einem roten Gewand, einem blauen Mantel und einer Krone. Sie ist in einen Lichtkranz gehüllt. Sowohl die Heiligen als auch Maria schweben auf Wolken. Direkt unter ihnen sind acht quadratische Nischen angeordnet, in die je ein Schädel eingelassen wurde. Das Bild deutet auf die Errettung aus dem Fegefeuer durch die Heiligen und Maria hin. Dabei ist es aufschlussreich, dass die Schädel direkt unter den Heiligen und weit über dem Fegefeuer angeordnet sind. Das Versprechen auf Erlösung wird hier also durch die räumliche Anordnung der Gebeine verstärkt. Die sterblichen Überreste, die als *pars pro toto* für die Bevölkerung von Cumbel stehen, sind der Fürbitte durch Maria und die Heiligen räumlich zugeordnet.

Beinhäuser sind nicht nur eine Ansammlung von Knochen – sie sind durch ihre Nähe zu den Kirchen und ihre Weihung an Heilige auch mit einem Versprechen auf ein jenseitiges Heil verbunden.

Das Beinhaus von Cumbel ist zweigeschossig und mit einem Satteldach ausgestattet.[2] Es steht in der Nordwestecke des Friedhofs. Wie auf dem Archivbild erkennbar, waren noch im 20. Jahrhundert auch im Innern des Beinhauses Gebeine zu finden.

Die Fassade ist von aussen rund um die Uhr zu besichtigen;
das Beinhaus selbst ist geschlossen.

Domat/Ems: *Ein Juwel über der Autobahn*

Ehemalige katholische Pfarrkirche Sogn Gion

«Bitt Gott für die lieben Seelen» ist im Eingang zum Beinhaus zu lesen. Es ist ein Aufruf an die Eintretenden, der Armenseelen zu gedenken, und deutet auf die Funktion von Beinhäusern als Gebetsstätten hin.

Das Beinhaus befindet sich im Osten neben der früher befestigten Kirche, die auf einem Hügel über Domat/Ems thront. Die erste Erwähnung der Kirche stammt aus dem 12. Jahrhundert. Das Beinhaus wurde 1693 erbaut. Die Aussenfassaden wurde durch den ursprünglich aus Baden stammenden «Malermönch»[3] Fridolin Eggert mit einer Darstellung des Jüngsten Gerichts bemalt.

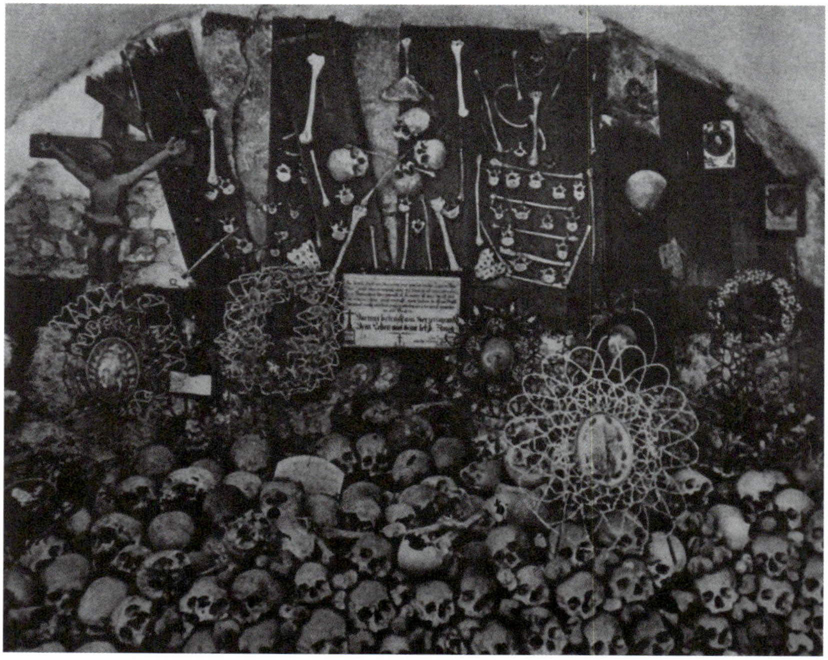

Die Abbildung der ehemaligen Innenansicht zeigt das Arrangement der Gebeine im ersten Viertel des 20. Jahrhunderts.

Im Inneren stehen auf der einen Seite des Ossariums eine hervorragend erhaltene Grabgruppe mit einem liegenden Christus und zwei klagenden Frauen. Die kostbaren Figuren aus Lindenholz stammen aus dem späten 13. Jahrhundert. Gegenüber befinden sich unter einer Figur des Erzengels Michael aus dem späten 17. Jahrhundert, der mit Flammenschwert und Waage ausgerüstet die Seelen der Verstorbenen wägt, sowie über einem gotischen Taufstein drei hintereinander angeordnete Reihen von Schädeln. Ein einziger Totenkopf ist golden bemalt. Dieser Schädel soll von Fasnächtlern gestohlen, golden angesprayt und nach der Fasnacht zurückgebracht worden sein. Ein anderer Totenkopf ist mit einer alten Hausmarke, dem Zeichen für eine bestimmte Familienzugehörigkeit, bezeichnet (siehe hinten S. 179, Abb. 5). Auffallend ist auch die Farbpalette der anderen Schädel, die von braun über beige bis ins Weisse reichen. Dieser Farbunterschied kann möglicherweise auf den Einfluss des jeweils für den Sarg verwendeten Holzes zurückgeführt werden. Bis ins erste Viertel des 20. Jahrhunderts war diese Seite des Beinhauses opulent mit Schädeln und Gebeinarrangements ausgestattet, wie die ehemalige Innenansicht links zeigt. Zwischen den Knochen standen sogenannte «Perlkränze». Dabei handelt es sich um Kränze, die aus auf Draht aufgezogenen Glasperlen hergestellt wurden. Sie waren im späten 19. und frühen 20. Jahrhundert eine beliebte Grabdekoration.

Heute sind sowohl die Grabgruppe als auch die Schädel rund um die Uhr einsehbar.

Falera: *Neben Megalithen und Reliquien*

Alte Katholische Pfarrkirche St. Remigius

Umgeben von prähistorischen Megalithen strebt die St.-Remigius-Kirche in den Himmel. Sie stammt aus dem 15. Jahrhundert.[4] Die Vorhalle der Kirche, die auch das Beinhaus beherbergt, wurde 1770 erbaut. Das Ossarium dient heute der Lagerung verschiedener historischer Artefakte, die nicht mehr oder nur zu bestimmten Gelegenheiten religiös benutzt werden und aus der Zeit zwischen dem 15. und dem 18. Jahrhundert stammen. Neben zwei Reliquienschreinen, zwei Büsten des heiligen Remigius, einem Hochaltarbild, einem Antepedium, verschiedenen Leuchtern und Kreuzen finden sich dort heute auch noch zwei Schädel. Sie erinnern an die ursprüngliche Funktion des Raums als Beinhaus.

Der Raum ist während der Öffnungszeiten der Kirche durch ein Gitter einsehbar.

Lumbrein: *Der carnèr in den Bergen*

Katholische Pfarrkirche St. Martin

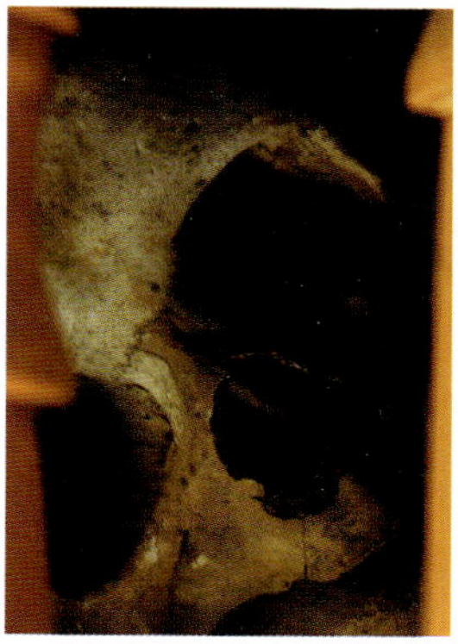

Das Ossarium (surselvisch *carnèr*) der im barocken Stil 1646–1647 neu erbauten Kirche St. Martin in Lumbrein befindet sich im Untergeschoss des Chores. Dieses Untergeschoss dient dem Ausgleich des Terraingefälles und wird heute als Aufbahrungskapelle für die Verstorbenen verwendet. Die Kirche wurde in den Jahren 1969–1970 restauriert. Damals hat man einen Grossteil der vorhandenen und bis an die Mittelsäule des Raumes aufgestapelten Gebeine ausgeräumt und bestattet. Ein Restbestand der früher im Beinhaus präsentierten Schädel befindet sich heute in einer Nische hinter einem hölzernen Gitter, von einem Glas abgeschirmt. Dadurch wirkt die Schädelwand nur noch dezent und der Alltagswelt enthoben. Dennoch hängt zwischen den Gitterstäben ein kleiner Rosenkranz. Er deutet darauf hin, dass hier auch heute noch für die Toten gebetet wird.

Von den ursprünglich in Lumbrein gezeigten Schädeln seien einige mit aufgemalten Hauszeichen versehen gewesen, die die Zugehörigkeit zu einer bestimmten Familie anzeigten.

Bis Mitte des 20. Jahrhunderts waren das Beinhaus und die dort lagernden Schädel rege in die religiöse Praxis integriert. Ein besonders schönes Beispiel dafür ist der erste Fastensonntag, auch «Käsesonntag» (*dumengia de caschiel*) genannt. Wie der Kunsthistoriker und Volkskundler Notker Curti berichtet, wurde an diesem Tag früher das «Fest der Sieben Schmerzen Mariens» begangen.[5] Dieses Fest beinhaltete eine Prozession, bei der unter anderem drei Marien mitliefen. Zwei davon (Anfang des 20. Jahrhunderts wohl sogar alle drei)[6] trugen auf einem Tuch einen Totenkopf. Christian Caminada, ehemaliger Bischof von Chur und Erforscher religiösen Brauchtums, überliefert eine damit verbundene Geistergeschichte: Die Frauen, die jeweils die Marien gespielt hatten, «waren mit den Totenschädeln so vertraut geworden, dass sie dieselben am Vorabend des Festes aus dem Beinhaus nahmen und im Hause verwahrten. Da ereignete es sich, dass die Hausbewohner deutlich vernahmen, wie die drei Schädel miteinander zu reden begannen. Seither wagt man aber nicht mehr, die Schädel ins Haus zu nehmen.»[7]

Poschiavo: *Weiss auf Schwarz*

Oratorio S. Anna

Mitten in Poschiavo steht die Loggia des Oratorio S. Anna, die sich nach vorne in drei Bögen öffnet und den Blick auf die darin gelagerten 637 Schädel freigibt.[8] Das Markenzeichen dieses berühmten Beinhauses ist das dunkle Holzgitter, das mit weissen Mustern bemalt ist und die auf Gestellen ruhenden Totenschädel schützt. Über der Loggia ist die Jahreszahl 1732 zu lesen, weshalb das heute vorhandene Gebäude auf diese Zeit zu datieren ist. Auch die feingliedrigen Metallgitter stammen aus dem ersten Drittel des 18. Jahrhunderts. Jedoch beklagte sich das Dorf Brusio bereits 1541, dass in Poschiavo Gemeindegelder für den Bau eines Beinhauses bei der Kapelle des Oratoriums ver(sch)wendet worden seien. Diese Episode macht deutlich, dass es beim Oratorio schon vorher ein Beinhaus gegeben haben muss und dass Beinhäuser durchaus zu einem Politikum werden konnten. Die heute zu sehenden Gebeine wurden jedoch erst 1902/1903 bei einer Restauration aus dem Boden der Stiftskirche genommen und in der Vorhalle des Oratoriums ausgestellt.[9] Dies überrascht, da die Tendenz in dieser Zeit eher in die Richtung ging, Beinhäuser auszuräumen. Das bemalte Holzgitter und die Totenmalereien sind ebenfalls auf die Zeit Anfang des 20. Jahrhunderts zu datieren. Sie weisen einen einnehmenden ländlichen Stil auf und zeigen *memento mori*-Abbildungen. Heute hängen im Beinhaus auch vier Totenbahren.

Die schwarzen Schädelschränke sind mit weissen Mustern, Totenmalereien und *memento mori*-Sprüchen, die auf die Allgegenwart des Todes hindeuten, dekoriert.

Das Beinhaus ist wegen seiner Malereien und der eindrucksvollen Inszenierung der Schädel ein touristisch vielbesuchtes Ziel und jederzeit einsehbar.

Sagogn: *Wie ein Setzkasten*

Katholische Pfarrkirche Mariä Himmelfahrt

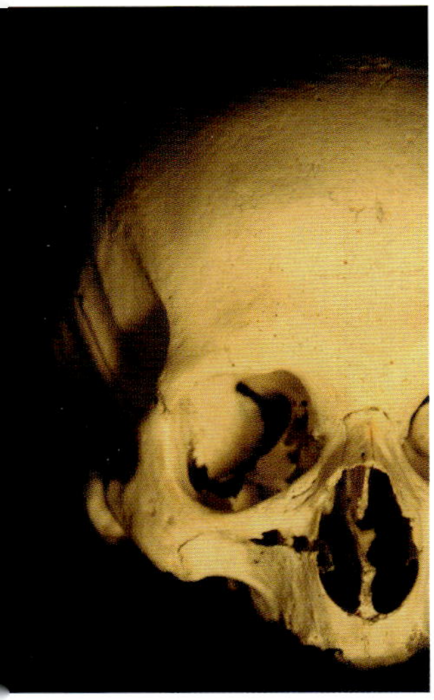

Die auf einem Hügel liegende Kirche von Sagogn überragt mit ihrem Turm das Dorf. Sie ist vor allem für ihre beeindruckenden Barockmalereien bekannt und gilt als eine der besterhaltenen bemalten Hochbarockkirchen nördlich der Alpen.[10] Das ursprüngliche Beinhaus ist ein nach Süden ausgerichtetes Gebäude mit einem quadratischen Grundriss und einem schönen Deckengewölbe. Es wurde 1893 zu einer heute nicht mehr erhaltenen Maria-von-Lourdes-Grotte umgebaut und später in eine Maria-Immaculata-Kapelle umgestaltet. Gegenwärtig zeugen nur noch drei Schädel, die an der Fassade über einem Fenster eingemauert sind, von seiner ursprünglichen Funktion. Vermutlich bereits seit 1893 dient jedoch ein zweiter Raum, nämlich die ehemalige Vorhalle der Kirche, als Beinhaus. Am Ende dieses langgezogenen schmalen Raums ist heute ein dunkles Regal angebracht, auf dem in kleinen Nischen 15 Schädel stehen. Drei davon, die weniger gut erhalten sind, verfügen nicht über Einzelnischen, sondern sind oben ins Regal gestellt. Während das ehemalige Beinhaus heute zum Beten dient, wird der Raum mit den Gebeinen nicht mehr religiös verwendet, sondern als Nutzraum gebraucht.

Beide Gebäude, das ehemalige und das «neue» Beinhaus, sind während der Öffnungszeiten der Kirche zugänglich.

Santa Maria di Calanca: *Auf den zweiten Blick*

Katholische Pfarrkirche Sta. Maria Assunta

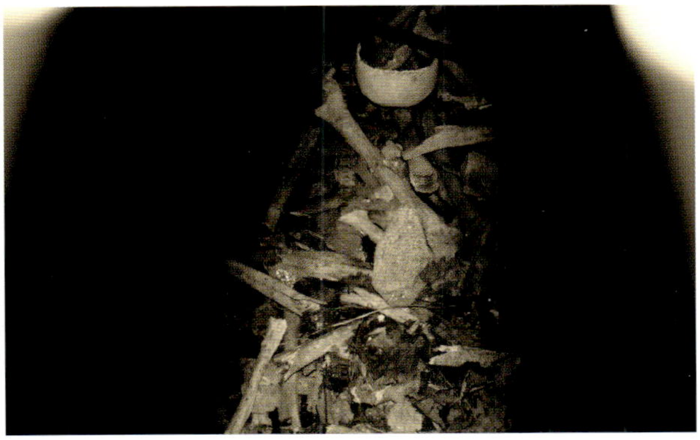

Das Ossarium in Santa Maria befindet sich in der Nordostecke einer Terrasse und bildet den Durchgang zum Friedhof.

Neben der imposanten, 1219 erstmals urkundlich erwähnten Kirche Sta. Maria Assunta, die sich auf einem Hügel oberhalb des Dorfes befindet, steht ein loggia-artiges längliches Beinhaus mit einem Zwillingsgewölbe. Dieses Ossarium ist in die zweite Hälfte des 17. Jahrhunderts zu datieren. Früher waren die Gebeine an den Wänden aufgeschichtet, heute ist das Beinhaus leer. Nur Namen, vielleicht von Verstorbenen, zieren in verschnörkelter Schrift die Wände. Unter dem Beinhaus befindet sich, wie Poeschel schreibt, «eine tief in den Grund gegrabene gewölbte Gruft»[11]. Ein defekter Steindeckel am Boden gibt einen flüchtigen Blick auf diese Gruft frei. Man kann dort eine grosse Anzahl Gebeine, die vermutlich bei der Räumung des Beinhauses hier aufgeschüttet wurden, erkennen.

Sevgein: *Al pievel romontsch*

Katholische Kirche S. Tumasch

Auf einem Hügel mitten im malerischen Sevgein, von schmucken Häusern umgeben, wacht die dem heiligen Thomas geweihte katholische Kirche über das Dorf. Die heute noch erhaltene barocke Kirche wurde auf Vorgängerbauten, von denen mindestens vier eruiert werden konnten, in den Jahren 1687–1691 erbaut. Der Chor stammt noch aus gotischer Zeit, der Turm ist in das 14. Jahrhundert zu datieren. Er wurde 1706 durch ein Glockengeschoss ergänzt. Die Kirche wurde 1969–1971 umfassend restauriert und archäologisch untersucht.

Die Erhebung zur Pfarrei erfolgte 1647. Diese Pfarrei wurde bis 1929 sowie einem kurzen Unterbruch in den Jahren 1823–1844 von Kapuzinern geführt.

Das gepflegte Beinhaus ist eine im Süden an der Aussenfassade ans Kirchenschiff angebaute Kapelle, die sich direkt neben den Gräbern der Geistlichen befindet. Im Inneren steht ein Altarbild aus dem 17. Jahrhundert, das Maria, umringt von verschiedenen Heiligen, zeigt. Rechts und links dieses Altars sind zwei Holzgestelle mit je 17 von der Sonne gebleichten Schädeln zu finden. Von diesen 34 Totenschädeln sind 7 mit Bleistift und zum Teil Rötelschrift beschriftet. Ein weiterer ist in Farbe mit dem Vermerk «Daniel 1838» bemalt. Wir entdecken ein Hauszeichen, die restlichen der mit Bleistift beschrifteten Schädel sind mit dem Namen und zum Teil dem Todesdatum der verstorbenen Person gekennzeichnet, wobei typische Sevgeiner Nachnamen wie Demont oder Capeder zu lesen sind. Am reichsten erweist sich folgende Inschrift auf einem weiblichen Schädel: «Morta 1880 / Ils 9 da Matg 1890 / M. Ursula Cadalbert-Demont / Re I P» (Gestorben 1880, 9. Mai 1890, M.[12] Ursula Cadalbert-Demont, ruhe in Frieden). Da es sich nicht um einen Kinderschädel handelt und das «Morta» aufs Totesdatum deutet, weist das zweite Datum vermutlich auf den Zeitpunkt der Sekundärbestattung hin. Dies wäre ein aufschlussreicher Hinweis auf die Dauer der Erstbestattung sowie darauf, dass der Totengräber (oder vielleicht Pfarrer) die Beschriftung angebracht hat.

Das Ossarium weist einen vergitterten Schlüssellocheingang auf, über dem sich eine barocke *memento mori*-Malerei befindet.

Das im Kontext von Beinhäusern immer wieder zu findende Re I P steht für lateinisch *requiescat in pace*; er/sie ruhe in Frieden.

Das Beinhaus ist von aussen jederzeit durch ein Gitter zu besichtigen.

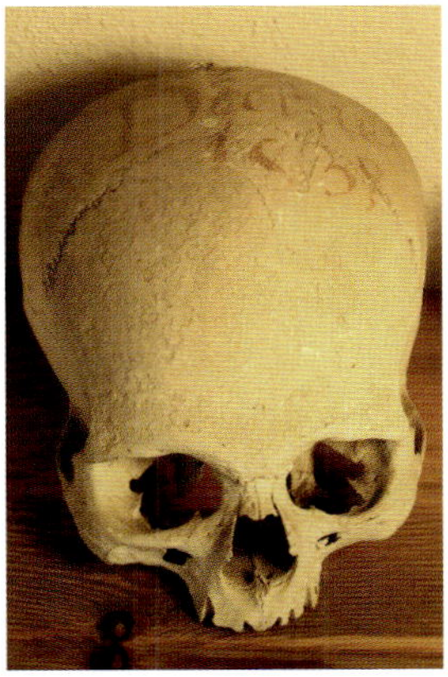

Vrin: *Schweigende Zeugen an der Fassade*

Katholische Pfarrkirche St. Mariä Geburt und Johannes Baptist

Die Pfarrkirche in Vrin wird 1345 erstmals urkundlich erwähnt. 1689–1694 erfolgte ein barocker Neubau der Kirche durch den Architekten Antonio Beroggio aus Roveredo. Das Beinhaus befindet sich ausserhalb der Kirche zwischen der Nordkapelle und dem Schiff. Es weist einen beachtenswerten polygonalen Grundriss auf. An der Fassade, direkt unter dem Dach, ist heute noch ein Fries aus vier Reihen eingemauerter Totenschädel und einigen Beinknochen zu finden. Bis zur letzten Renovation, die zwischen 1979 und 1984 stattfand, waren auch auf halber Höhe zwischen Dach und Boden Schädel eingemauert (siehe oben rechts). Weitere Gebeine sind – nicht zugänglich – im Obergeschoss des Beinhauses untergebracht. Innen besticht das Ossarium durch eine überzeugende Schlichtheit und einen Altar aus dem 17. Jahrhundert.

Das Beinhaus kann von aussen jederzeit und von innen während der Öffnungszeiten der Kirche besichtigt werden.

MEMENTO
MORI

Aus den Beinhausarchiven des Bündnerlands

Die Beinhauskultur Graubündens hat sich in den letzten 50 Jahren stark verändert. Vielerorts wurden Ossarien geräumt, umgebaut oder mit grossen Gittern versehen. Die Absperrungen schützen zwar die Gebeine, sie entziehen sie aber auch weitgehend der religiösen Praxis. Diese Veränderung kann gut mit den folgenden ausgewählten Fotografien aus den «Beinhausarchiven» des Bündnerlandes illustriert werden. Für unser heutiges Auge scheinen einige der folgenden Ossarien unaufgeräumte Orte gewesen zu sein. Sie waren jedoch vielschichtig in die religiöse Praxis und das Alltagsleben integriert. Gegenwärtig befinden sich in keinem der folgenden Beinhäuser noch Knochen. Um auf den Wandel der Beinhauskultur in den letzten Jahrzehnten aufmerksam zu machen, möchten wir diese Bilder hier dennoch zeigen.

Danis-Tavanasa

Über der Eingangstür der Kapelle St. Antonius von Padua in Danis finden sich noch um 1970 eingemauerte Schädel. Die Kapelle wurde 1724 errichtet und diente als Beinhaus. Sie befindet sich nördlich der Pfarrkirche Hl. Dreifaltigkeit. Heute wird sie als Friedhofskapelle genutzt.

Degen

Das Beinhaus in Degen befindet sich neben der Kirche Mariae Himmelfahrt. Das Bild aus Degen zeigt zwei Schädel aus dem Inneren, die ein Kruzifix flankieren. Es stammt aus den 1960er Jahren. Heute wird das Beinhaus als Aufbahrungskapelle verwendet.[13]

Platta (Medel)

Auch im Beinhaus in Platta neben der Pfarrkirche St. Martin waren früher Schädel oberhalb des typischen Schlüssellocheingangs des Beinhauses zu finden. Sie säumen in ungleicher Anzahl ein Kruzifix. Die Ansicht stammt aus der Zeit um 1912.

Rueun

Das Bild aus der Zeit um 1970 präsentiert eine Innenansicht des Beinhauses von Rueun, das neben der Pfarrkirche St. Andreas steht. Die Fotografie zeigt ein Gestell mit Knochen, wobei die Totenköpfe zu Dreiergruppen angeordnet sind. Davor befinden sich eine Christusfigur sowie eine Gebetsbank.

Salouf

Im Beinhaus von Salouf, das zur Pfarrkirche St. Georg gehört, fanden sich um 1914 noch imposante Schädel- und Knochenwände.

Schmitten (Albulatal)

Das Bild zeigt Schädel und gekreuzte Knochen auf einem Gestell im Beinhaus in Schmitten um 1970. Daneben ist als *memento mori*-Spruch zu lesen: «Was wir sind, das werdet ihr ...».

Surcasti

Dieses um 1970 entstandene Bild zeigt noch einige Schädel und Knochen, die im Beinhaus von Surcasti lagerten. Vor den Gebeinen wurde Blumenschmuck, der vermutlich von Gräbern stammt, niedergelegt.

Tinizong-Rona

Im Beinhaus in Tinizong bei der Pfarrkirche St. Blasius wurden die Schädel früher in Nischen und hölzernen Gestellen aufbewahrt. Einige der Schädel sind beschriftet und bemalt. Die Ansicht stammt aus der Zeit um 1909.

ANMERKUNGEN

1 Zum Heilsversprechen in Religion siehe Riesebrodt 2007.
2 Genaueres zur Architektur des Beinhauses bei Poeschel 1942, 150.
3 Zu Fridolin Eggert siehe: Müller/Steinmann 1956.
4 Genaueres zur Kirche bei Katholische Kirchgemeinde Falera, 1999.
5 Curti 1947, 45.
6 Caminada 1918, 98.
7 Caminada 1918, 98.
8 Genaueres zur Baugeschichte bei Poeschel 1945, 49–52.
9 Eine anthropologische Untersuchung der Schädel bieten Papageorgopoulou/Siegmund et al. 2009.
10 Genaueres dazu bei Wyss/Pelican 1997.
11 Poeschel 1945, 288.
12 Die Abkürzung M. steht in der Regel für Maria.
13 Herzlichen Dank an Marionna Caduff, Degen, für diese Information.

BILDNACHWEISE

Cumbel: Abbildung der ehemaligen Innenansicht aus: Büchli 1966, 418.

Domat/Ems: Abbildung der ehemaligen Innenansicht, Zeitungsauschnitt 1942.

Lumbrein: Abbildung der ehemaligen Fensteransicht aus: Büchli, 1966, 568; Fotografie der schädeltragenden Frauen aus: Curti 1947, Abb. 20. Foto Lang, Chur.

Vrin: Abbildung der ehemaligen Aussenansicht aus: Poeschel 1945, 277.

Danis-Tavanasa: Foto: Rätisches Museum Chur.

Degen: Abbildung aus: Büchli 1966, 521.

Platta: Foto: Eidgenössisches Archiv für Denkmalpflege (EAD), Archiv Rudolf Zinggeler, EAD-ZING-267.

Rueun: Foto: Rätisches Museum Chur.

Salouf: Foto: Eidgenössisches Archiv für Denkmalpflege (EAD) Archiv Rudolf Zinggeler, EAD-ZING-15274.

Schmitten: Foto: Rätisches Museum Chur.

Surcasti: Foto: Rätisches Museum Chur.

Tinizong-Rona: Foto: Eidgenössisches Archiv für Denkmalpflege (EAD), Archiv Rudolf Zinggeler, EAD-ZING-3526.

GEBEINE UND IHR HAUS

Die historische Entwicklung der Schweizer Ossarien

Regula Odermatt-Bürgi

Licht gilt als jene Kraft, die Leben und Wachstum ermöglicht. Als Prinzip des Guten vertreibt es die Finsternis und das Böse. Im Christentum brennen daher Lichter bei allen wichtigen Lebensabschnitten – Taufe, Hochzeit, Tod. Lichter gehörten zur Ausstattung der Beinhäuser und der Friedhöfe, sei es in Form von mit Öl oder Butter genährten Ampeln, Kerzen oder steinernen Totenleuchten.

Als an einem Abend im Dorf Wyler im Lötschental die Leute zusammensassen und Geschichten erzählten, prahlte ein junger Mann mit seiner Furchtlosigkeit. Heute Abend getraue er sich etwas, was noch keiner gewagt habe. Ins Beinhaus von Kippel wolle er gehen und einen Schädel holen. Die andern versuchten, ihn davon abzuhalten. Mit Toten spiele man nicht, er solle sich nicht versündigen. Er aber riss sich los. Vor dem Beinhaus in Kippel, in dem Hunderte von Totenköpfen aufgeschichtet waren, zündete er ein Licht an, trat behutsam ein und suchte unter den dürren, klappernden Gebeinen den Schädel seines Onkels hervor. Er steckte ihn unter den Arm, löschte das Licht und machte sich auf den Heimweg. Er stellte sich vor, wie sie zu Hause die Augen aufreissen würden, wenn er den Totenkopf auf den Tisch legte. Je weiter er sich jedoch vom Beinhaus entfernte, desto schwerer wurde der Schädel, bis er ihn bei einer Kapelle niederlegen musste. Nachdem der junge Mann ein Gebet gesprochen hatte, wollte er den Schädel wieder aufheben, doch er war schwer wie eine Bleikugel. Der Frevler dachte aber keineswegs daran, auf halbem Weg umzukehren. Da fing der Kiefer des Totenkopfs plötzlich an zu knacken. Die Zähne knirschten, «wie wenn ein Stosskarren über eckige Kiesel» fahren würde, und der Schädel begann, mit kreischender Stimme zu sprechen. Es sei gut, dass er den Schädel seines Onkels genommen habe und nicht einen andern, er wäre sonst in Stücke gerissen worden. Er solle ihn ins Beinhaus zurücktragen und an jene Stelle legen, von wo er ihn genommen habe. Schweissgebadet gehorchte der Dieb, und je näher er dem Beinhaus kam, umso leichter wurde der Totenkopf. Im Beinhaus stellte er ihn an seinen angestammten Platz zurück und zündete ein Licht an. Dann eilte er heim in seine Dachkammer, wo er viele Wochen krank darniederlag.[1]

Diese Sage vom jungen Mann, der im Beinhaus von Kippel den Schädel seines Onkels stahl, wirft einige Fragen auf: Was ist ein Beinhaus? Warum wusste der junge Mann, welches der Schädel seines Onkels war, und warum bewahrte ihn diese Tatsache vor dem Tod? Weshalb haben die Toten die Macht, sich gegen Frevel zu wehren?

Während im ersten Teil dieses Artikels religiöse Vorstellungen, Kult und Brauchtum rund um die Toten und ihre Gebeine zur Sprache kommen, widmet sich der zweite der architektonischen Entwicklung der Beinhäuser.

Religiöse Vorstellungen, Kult und Brauchtum

Seit dem Mittelalter bildeten Friedhöfe eine Einheit mit den Pfarrkirchen und anderen Kirchen mit Begräbnisrecht. Sie lagen in der Regel innerhalb der Siedlungen, was eine Vergrösserung erschwerte oder verunmöglichte. Die Gräber mussten daher immer wieder entleert und für weitere Tote freigegeben werden. Die Skelettreste fanden ihre letzte Ruhestätte in einem besonderen Gebäude, dem Beinhaus, auch Ossarium, Karner oder Kerchel genannt.

Platzmangel auf den Friedhöfen als Ursprung der Beinhäuser? Das tönt pragmatisch und fast ein wenig banal. Man fragt sich: Wozu der ganze Aufwand? Hätte man die Knochen nicht einfach in den Gräbern belassen oder anderweitig entsorgen können? Um das Phänomen Beinhaus zu verstehen, muss man sich bewusst werden, dass der rein funktionale Aspekt – die Aufbewahrung der enthobenen Gebeine – eingebettet, vermengt und überlagert wurde von theologischen Konzepten und magischen Vorstellungen.

Abb. 1 a und b: Knochen überdauern die Zeit: Ein Schädel im Beinhaus von Charmey, Fribourg, sowie Gebeine im Karner von Elbigenalp, Österreich.

Orte des Gebens und Nehmens

Knochen sind jene Bestandteile menschlicher und tierischer Körper, die am längsten überdauern, ja fast unvergänglich erscheinen. In ihnen bleibt der oder die Tote – so der Volksglaube – auf geheimnisvolle Weise präsent. Deshalb wird ihnen in den meisten Kulturen eine segnende oder bannende, heil- oder unheilstiftende Kraft zugeschrieben. Tierschädel zum Beispiel schützen als Unglück bannende Zeichen Ställe und ländliche Bauten vor unheimlichen Mächten. Geschabte, pulverisierte und mit Leichenfett, Frühgeburten oder anderen Ingredienzen zu Salben oder Getränken verarbeitete Menschenknochen bilden wesentliche Bestandteile volksmedizinischer Rezepte, eignen sich aber auch bestens für Schadenszauber aller Art.[2]

Auch der christliche Reliquienkult basiert auf der Glaubensgewissheit, dass von Gegenständen, die in einer Beziehung zu einem Heiligen standen, vor allem aber von seinen Gebeinen, eine segensreiche Wirkung ausgehe. Sämtliche Teile seines Skeletts wurden deshalb in kostbaren Schreinen geborgen oder in wertvolle Stoffe gehüllt und den Gläubigen – häufig nur an bestimmten Festtagen – zur Verehrung präsentiert. Einige Quellen geben sogar in Fuss und Ellen an, wie weit die Aura einer Reliquie reiche, was zur These führte, dass die Grösse eines Friedhofes von der Strahlungskraft der Reliquien abhänge.[3]

Abb. 2: Reliquienschrein mit Schädel in Sursee, Luzern.

Schon in der Spätantike feierten die Christen Gottesdienste auf den Gräbern von Märtyrern, die in der Vorstellung der Gläubigen hier auf besondere Art gegenwärtig waren, den Ort durch ihre Ausstrahlung heiligten und über die Gunst verfügten, als *advocati* oder *patroni* vor Gott zu treten, um für alle in ihrem Umkreis Liegenden Fürsprache einzulegen. Gross war deshalb das Bedürfnis, *ad sanctos*, also in der Nähe eines Heiligengrabes, bestattet zu werden und an den Kulthandlungen teilzuhaben, die hier stattfanden. Die Vorschrift, dass jeder Messaltar eine Reliquie enthalten muss, damit der Priester – wie über dem Heiligengrab – den Gottesdienst zelebrieren kann, ist ein wesentlicher Grund, weshalb es seit dem Mittelalter als Privileg galt, im engsten Umkreis der Kirche ein Grab zu erwerben. Trotz zahlreicher Verbote gelang es auch nie, Bestattungen im Innenraum von Sakralgebäuden gänzlich zu verhindern.

Gemäss christlicher Lehre wird jeder Mensch durch die Taufe von der Erbsünde befreit und Mitglied der Kirche. Sein Leib wird am Jüngsten Tag, wenn auch in veränderter Gestalt, auferstehen und gilt deshalb als geheiligt. Auf Grund dieser religiösen Überzeugung sind die Gebeine eines jeden getauften Menschen zu verehren. In der Bretagne heissen die Beinhäuser *reliquaires* und gleichen mittelalterlichen Reliquienkästchen.

Das Reformkonzil von Trient (1545–1563), das die katholische Lehre gegenüber den Reformatoren klar definierte, hielt ausdrücklich an diesem überlieferten Glaubensgrundsatz fest und betonte die gegenseitige Verantwortung der Lebenden und der Toten. Diese basiert auf der seit dem Mittelalter gängigen Vorstellung der *communio sanctorum*, der Einheit der Kirche. Sie besteht aus den Lebenden hier auf Erden, die sich den Himmel noch verdienen müssen, den Heiligen und Seligen im Paradies, die als mächtige Fürbitter Gottes Gnade für die Menschen erwirken, und den Armenseelen, die im Fegefeuer ihre Sündenstrafen abbüssen und deren Qualen durch Messen, Gebete, Ablässe und Vergabungen aller Art gemildert oder verkürzt werden können. Die Armenseelen ihrerseits verfügen über die Gabe, als sogenannte «Dankbare Tote» ihren Wohltätern und Wohltäterinnen in Nöten und Gefahren tatkräftig zur Seite zu stehen. Diese wechselseitigen Hilfeleistungen entsprachen der Vorstellung einer kirchlichen Heilsökonomie, die auf dem Austausch von irdischen und himmlischen, materiellen und immateriellen Gütern beruht. Optisch vergegenwärtigt wurde diese Lehrmeinung durch ikonografische Programme, beispielsweise durch Darstellungen der «Dankbaren Toten» oder der «Werke der Barmherzigkeit», wie sie direkt den Armenseelen im Fegefeuer zugutekommen. Weitgehend verschwunden sind Zeugnisse der Volksfrömmigkeit wie die «Vaterunserschnüre» (Abb. 3): Am ersten Tag der Osterfastenzeit betete man ein Vaterunser und machte einen Knopf in eine Schnur, am zweiten Tag zwei Vaterunser für den nächsten und so fort, bis man am letzten Tag 40 Vaterunser für den letzten Knoten gebetet hatte und dann die Schnur an einem Schädel im Beinhaus befestigte.

Gewöhnliche Menschen gelangen, gemäss traditioneller römisch-katholischer Vorstellung, nach ihrem Tod ins Fegefeuer, einem Reinigungsort zwischen Himmel und Hölle. Dort werden sie als Armeseelen geläutert, bis sie rein genug sind, um in den Himmel einzugehen.

Abb. 3: Vaterunserschnüre an Schädeln in Graubünden, möglicherweise Lumbrein, um 1920/30.

Die oft recht aufwändigen Verpflichtungen gegenüber den Toten konnten an Klöster, Bruderschaften oder Beginen delegiert werden. Noch zu Beginn des 20. Jahrhunderts lassen sich vielerorts «Seelenmeitli» nachweisen, mittellose Frauen, die gegen ein kleines Entgelt im Beinhaus Gebete verrichteten. Das Beinhaus war Schauplatz des Gebens und Nehmens: Zum Heil der Seelen fanden Prozessionen statt, Lichter wurden gestiftet, Messen gelesen, das Armenbrot ausgeteilt. Bis in die 1950er Jahre war es in Stans noch üblich, am Sonntag nach dem Hauptgottesdienst das Beinhaus aufzusuchen, für die Armenseelen zu beten und – im Gegenzug – von ihnen Hilfe in diversen Anliegen zu erflehen.

Die jüngere Forschung stellt das theologische Konzept der *communio sanctorum* als eine der Voraussetzungen für die Entstehung der Beinhäuser teilweise in Frage. Sie verlegt die «Geburt des Fegefeuers» – und dadurch auch des Armenseelenkultes – ins 12. Jahrhundert, in eine Zeit also, für die der Gebrauch von Beinhäusern bereits belegt ist.[4] Zwar wurden die Jenseitsvorstellungen im Hoch- und Spätmittelalter durch den Finanzbedarf und die damit verbundene Geldgier der Kirche systematisiert, intensiviert und unter dem Einfluss der Bettelorden popularisiert. Der Armenseelenglaube, verbunden mit der Verpflichtung zu Hilfeleistungen, lässt sich jedoch schon im Frühmittelalter nachweisen: So etwa bei Papst Gregor dem Grossen (vor 540–604), der als einer der «Väter des Fegefeuers» gilt, oder beim Cluniazenser Abt Odilo (um 962–1049), der um die Jahrtausendwende den Allerseelentag am 2. November einführte.

Furcht, Ehrfurcht und Ahnenkult

Der Glaube an die Auferstehung des Leibes erforderte Ehrfurcht gegenüber den Gebeinen von Getauften. Die Synoden von Münster und Köln von 1279 und 1280 befahlen, die Friedhöfe zu schliessen und die Gebeine an einem sicheren Ort aufzubewahren, damit nicht Schweine und andere Tiere sich der menschlichen Überreste bemächtigen. Schutz sollte das Beinhaus und der mit einer Mauer umgebene, bei den Eingängen durch eine Art Rost – den sogenannten Beinbrechern oder «Gätteri» – versehene und geweihte Friedhof nicht nur vor streunenden Tieren und Unbill der Witterung bieten, sondern auch vor dem Zugriff böser Geister. Zeugnisse dieser Furcht vor Dämonen finden wir seit dem 12. Jahrhundert vor allem im Zusammenhang mit Weihwasser, das ins Grab gegossen werden soll, um unheilvolle Mächte zu vertreiben. Mit der Ehrfurcht verband sich jedoch auch die Furcht vor den Toten. Etliche Theologen vertraten die Auffassung, dass die Verstorbenen die Möglichkeit haben, zurückkehren, um Hilfe zu erflehen oder um von der Familie das einzufordern, was ihnen zusteht: die getreue Einhaltung der im Testament angeordneten Massnahmen zum eigenen Seelenheil, also Gebete, Stiftungen und Spenden. Zahlreiche Beispiele aus der Exempelliteratur bekräftigen das Erscheinen der Toten anschaulich. Allerdings sind die Armenseelen Mitglieder der Kirche. Sie verbüssen zwar ihre Strafe, gehören aber zu den Geretteten und treten daher meistens als Bittsteller auf. Erst beim Übergang des Motivs in die Sagen verwandeln sich die zurückkehrenden Toten in gefährliche «Wiedergänger», «untote Tote» oder «lebende Leichname». Die These, dass mehr oder weniger kreisförmig angelegte Friedhofmauern und die Rundkarner in Österreich und Bayern mit dem magischen Schutz vor bösen Geistern und der Bannung unruhiger Toten zusammenhängen, ist interessant, aber quellenmässig nicht belegbar.

Weihwasserbecken gehörten wie die Lichter zur üblichen Ausstattung von Friedhöfen und Beinhäusern. Dem von einem Priester gesegneten Wasser schrieb man eine besondere Kraft zu. Es hält Unheil und alles Böse fern, es reinigt von Sünden und lindert die Qual der Armenseelen im Fegefeuer.

Reliquienverehrung und Elemente der Ehrfurcht verbanden sich im Zusammenhang mit den Ossarien seit dem Spätmittelalter auch mit einem gewissen Ahnen- und Heldenkult. Beinhäuser auf Schlachtfeldern wie Sempach oder Murten entwickelten sich zu besonderen Gedenkstätten und zum Zielpunkt lokaler Bittgänge. Bestimmte Praktiken, etwa die Zurschaustellung der Schädel führender Persönlichkeiten an besonders ausgezeichneten Stellen im Beinhaus, lassen sich mit Sicherheit erst für die frühe Neuzeit nachweisen (Abb. 4 a und b).

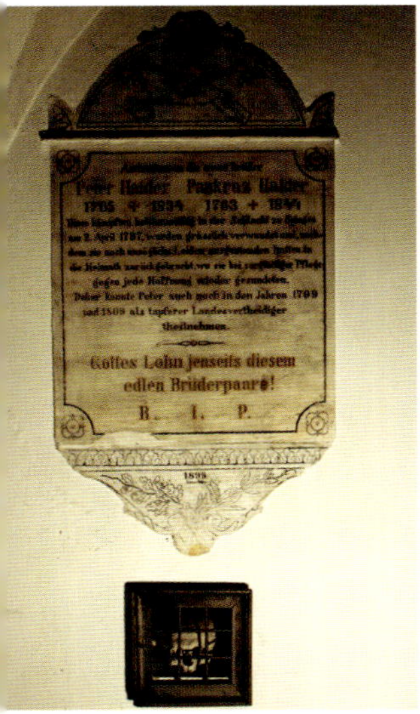

Abb. 4 a und b: Der beschriftete Schädel des «tapferen Landesverteidigers» Peter Haider (1765–1834) im Beinhaus von Kolsass, Österreich.

Sie haben wohl auch mit dem immer stärker werdenden Bedürfnis nach Wahrung der Individualität über den Tod hinaus zu tun und waren darum vorerst nur wenigen, für das Gemeinwesen wichtigen Personen vorbehalten. Wohl erst im 18. und im 19. Jahrhundert begann man vielerorts mit der Beschriftung und der dekorativen Bemalung der Schädel,[5] dem Deponieren der Gebeine in mit Namen und Daten versehenen Steinkistchen oder dem Umwickeln der Skelettreste mit leinenen Tüchern oder Bändern.

Die Beschriftungen und Kennzeichnungen ermöglichten zudem eine verstärkte familiale Totenmemorie, das heisst die gezielte Fürbitte für Verstorbene aus der engeren Verwandtschaft. Ich erinnere mich, wie ich im Vorschulalter, ungefähr um 1950, während meiner Ferien in Buochs vom Onkel einen Zettel mit zwei Buchstaben in die Hand gedrückt erhielt, um im Beinhaus den mit Initialen versehenen Schädel seines Grossvaters ausfindig zu machen und für ihn zu beten (wie in Buochs vor den Schädeln gebetet wurde, zeigt Abb. 5). Ob es darum ging, die Fegefeuerqualen zu lindern oder nur, um mir Angst einzujagen, bleibe dahingestellt. Möglicherweise vermischte sich das Verlangen, die eigene Persönlichkeit über den Tod hinaus zu konservieren, auch mit der Furcht, beim Posaunenklang am Jüngsten Tag, im Chaos der Auferstehung, die eigenen Knochen in den Massen von Gebeinen und Schädeln nicht wiederzufinden.

Abb. 5:
Eine junge Frau betet im Beinhaus von Buochs, Nidwalden, Stich, 19. Jahrhundert.

Letztendlich vereinen sich Armenseelen- und Persönlichkeitskulte mit dem Bedürfnis nach Verbundenheit mit den Vorfahren, nach Kontinuität über Generationen hinweg. Vom stark entwickelten Familiensinn im Zusammenhang mit Beinhäusern zeugen verschiedene lokale Brauchtumselemente. So war es zum Beispiel in gewissen Gegenden von Elsass-Lothringen üblich, bei der feierlichen Zweitbestattung der Gebeine im Beinhaus nochmals alle Familienmitglieder zusammenzurufen, Messen zu lesen, Trauerreden zu halten. Noch zu Beginn des 20. Jahrhunderts pflegte der Totengräber in Beckenried in Nidwalden vor der Neubelegung eines Grabes die Familie anzufragen, ob der älteste Sohn oder sonst eines der Kinder den Schädel des Vaters oder der Mutter ins Beinhaus tragen wolle.[6] Die *Neue Illustrirte Zeitschrift für die Schweiz* berichtet 1849, dass im Beinhaus von Wolfenschiessen (ebenfalls NW) die Schädel von Eheleuten mit roten Bändern, jene der Kinder mit schwarzen umschlungen und untereinander verbunden waren, «so dass auch nach dem Tode die Familie noch eine gewisse Gemeinschaft bildet».[7] Von dieser tief verwurzelten Ahnenverehrung zeugt nicht zuletzt die Tatsache, dass die Reformatoren zwar den Toten- und Armenseelenkult und die Weiterbenutzung der Beinhäuser untersagten, jedoch oft nicht wagten, die Gebeine sofort auszuräumen und die Beinhäuser abzubrechen.

Zwischen Gebrauch und Dekoration

Im Idealfall dauerte die Grabesruhe so lange, bis die Verwesung abgeschlossen war, doch immer wieder wird von Missständen berichtet. So musste in Sins im Kanton Aargau 1666 das Beinhaus von 1520 einem Neubau weichen, weil das alte «in die erde vertieft, nider und also ungesund» war, «dass es zuo dem öfteren den lüthen under der h. māss darin übel und weh worden und wägen bösen geschmacks gar geschwunden». Laut dem Altdorfer Dorfbüchlein von 1705 wurde der Totengräber ermahnt, die Knochen vor der Überführung ins Beinhaus – wie das auch andernorts geschehe – zu reinigen, weil man «wegen dem grossen gestankh und unrath, so under den Dodtengebeynen alldorten sich befindt [...] bald kein Andacht mehr im underen Beynhauss» verrichten könne.[8] Anfänglich wurden die menschlichen Überreste mehr oder weniger achtlos in die Beinhausgrüfte geworfen, seltener auch – wie im berühmten Cimetière des Innocents in Paris – un-

Abb. 6 a und b: Die Inszenierung der Gebeine im Sedlec-Ossarium, Kutná Hora, Tschechien.

ter den Dächern des Kreuzganges deponiert. Im Hochmittelalter begann man, die Gebeine sorgfältig aufzuschichten und dem Friedhofsbesucher als Mahnmal der Vergänglichkeit zu präsentieren. Die zum Teil fantastischen Dekorationen aus Knochenmaterial, die im 18. und 19. Jahrhundert verschiedene Beinhäuser auszeichnen – etwa die Kapuzinergruft in Rom (18. Jahrhundert) oder das Beinhaus von Sedlec (19.–20. Jahrhundert) (Abb. 6 a und b) – fehlen in der Schweiz weitgehend. Bewusst gestaltete und in ein ikonografisches Programm integrierte Lösungen kommen aber durchaus vor.[9] Dazu gehören das Schädelfries unter dem Dachansatz des Beinhauses von Vrin, die Ausstattung des Beinhauses von Poschiavo (1904/1906) oder die eingemauerten Totenköpfe im Totentanz von Wolhusen und im Beinhaus von Sempach Kirchbühl. Vieles dürfte jedoch auch den Modernisierungen zum Opfer gefallen sein. In einer Zeichnung überliefert ist zum Beispiel eine altarartige Konstruktion aus Schädeln aus dem Beinhaus von Wolfenschiessen (Abb. 7).[10]

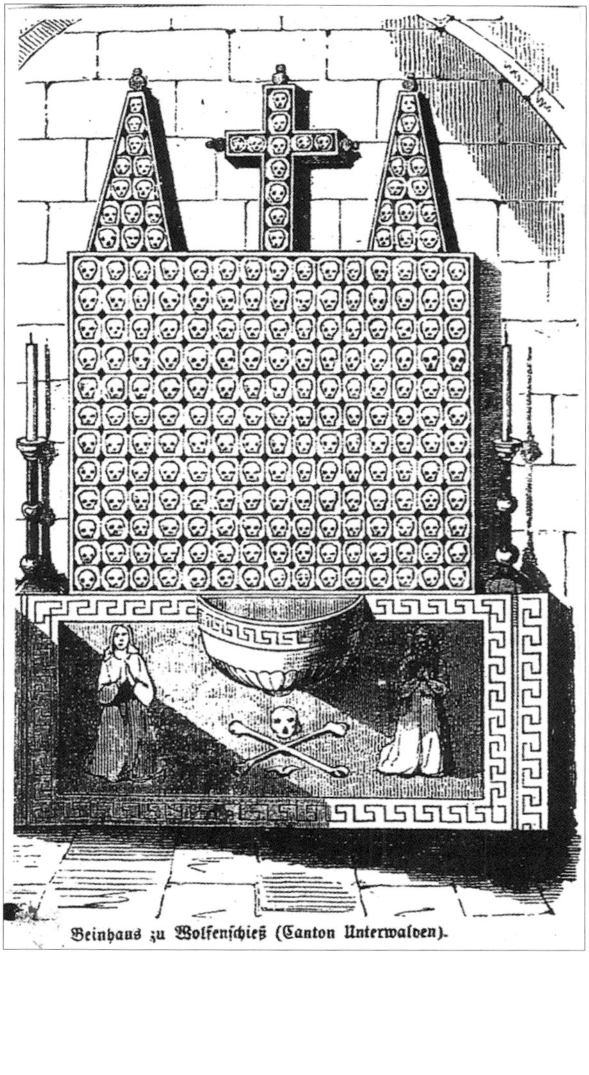

Abb. 7:
Eine Darstellung der Schädelpyramide mit Weihwasserbecken und Kerzen im Beinhaus von Wolfenschiessen, Nidwalden, 19. Jahrhundert.

Doch nicht immer handelt es sich bei den in Beinhäusern aufbewahrten menschlichen Überresten um Knochen. Im 18. Jahrhundert entstanden in Südeuropa – vor allem im Umkreis der Kapuziner – Anlagen mit mumifizierten Leichen – denken wir an die bekannten sizilianischen Kapuzinergrüfte von Palermo und Savoca. In Toulouse legten die Franziskaner die Toten zuerst in mumifizierend wirkende Erde, gruben sie nach einem Jahr wieder aus, setzten sie für längere Zeit im Kirchturm dem Wind aus, bevor sie sie endgültig im Beinhaus platzierten.[11] Für die Konservierung war also einerseits die Zusammensetzung der Erde ausschlaggebend, zum Teil ergänzt durch Austrocknen an der Luft, andererseits der Einsatz chemischer Mittel, um einen möglichst lebendigen Eindruck der Verstorbenen zu bewahren. Die Unversehrtheit des Leibes galt als Zeichen der Heiligkeit und daher als Garantie für die Auferstehung. Es mag überraschen, dass sich dieser in unseren Augen doch recht makabre Umgang mit Toten nicht auf Südeuropa beschränkte, sondern auch im Alpenraum vorkam. Wohl weil der Winter lang und der Boden gefroren waren, pflegten die Mönche des Hospizes des Grossen St. Bernhards, die Leichen im Beinhaus, der sogenannten Morgue, aufzustellen.

Die Architektur als Spiegel der Jenseitsvorstellungen

Mittelalter: Von der Gruft zum Haus

Unter dem Einfluss der Bettelorden vereinigten sich Laien zu kirchlichen Bruderschaften. Ihre Hauptaufgabe bestand einerseits in sozialem und karitativem Tun, vorwiegend aber in der Sterbebegleitung und im Bestattungswesen.

Die meisten Religionen trennen die Bereiche der Lebenden und der Toten strikte. Das Christentum bildet in einem gewissen Sinn eine Ausnahme. Zwar liessen sich die ersten Christen und Christinnen in jüdischen Familiengräbern und gemäss dem römischen Tafelgesetz ausserhalb der Siedlungen auf Privatgrundstücken, entlang der Ausfallstrassen, in Katakomben und nördlich der Alpen in römischen Nekropolen oder in fränkischen Reihengräberfriedhöfen bestatten, doch der Wunsch, im Umkreis einer Kirche, in geweihter Erde und im Schutz des Kirchenpatrons zu liegen und am Kult der Gläubigen teilzuhaben, leitete einen Wandel ein. Wie schon erwähnt, verfügten nur wenige Gotteshäuser – vor allem Pfarrkirchen, aber auch Klöster, Pilgerhospitäler und Spitalkirchen – über das Begräbnisrecht und hüteten es als lukrative Einnahmequelle. Die Kirchen der mittelalterlichen Grosspfarreien standen in der Regel mitten in der Siedlung, was eine Vergrösserung der Friedhöfe erschwerte oder verunmöglichte. Zudem erfolgten die Bestattungen meistens nicht reihenweise, sondern gesondert nach Geschlechtern, weltlichen, geistlichen und sozialen Ständen, Bruderschaften, Altersgruppen etc. Zwar existierten im Frühmittelalter kirchliche und weltliche Verbote, zwei Tote übereinanderzulegen,[12] doch das alte Recht auf Unverletzlichkeit des Grabes wurde allmählich vom Bedürfnis überlagert, als Mitglied der Kirche zusammen mit den andern Pfarreiangehörigen der Auferstehung zu harren. Nicht mehr der in Stein gemeisselte Name eines

Individuums garantierte wie in der Antike die Weiterexistenz im Diesseits, sondern die Zugehörigkeit zur Kirche gewährleistete das ewige Weiterleben im Jenseits.

Die Neubelegung der Gräber setzte wohl frühestens im 10. oder 11. Jahrhundert ein. Aus Ehrfurcht und zum Schutz vor Witterung und streunenden Tieren wurden die Gebeine öfters in schuppenartigen Anbauten geborgen, die sich an die Friedhof- oder Aussenmauern der Kirchen lehnten und meistens mit einem Pultdach gedeckt waren. Diese bestanden aus Holz, wiesen keinen Altar auf und waren nicht geweiht. Sie sind daher archivalisch und archäologisch kaum nachweisbar, jedoch durch Bilddokumente bezeugt.

Abb. 8:
Die Gräfin von Montfort befreit einen zum Tode verurteilten Gerber.
Im Vordergrund flieht dessen Geliebte in die Freistatt (Asylstätte) der Kirche.
Aufschlussreich sind der durch Friedhofsmauer und Beinbrecher geschützte und als Freistatt definierte Kirchenbezirk sowie das angebaute Beinhaus aus Holz.

Ob und wie lange anfänglich auch Massengruben zur Aufnahme der Knochen zur Verfügung standen, lässt sich nicht klar nachweisen. Da die Gruben wegen stetiger Weiterbenutzung offen bleiben mussten und kaum genügend Sicherheit boten, hatte man wohl schon früh begonnen, sie mit einem Kultraum zu überbauen.

Zu den frühesten erhaltenen Beinhäusern gehören die zweigeschossigen romanischen Rundkarner, die sich seit dem 12. Jahrhundert vor allem in Österreich und seltener in Bayern nachweisen lassen.[13] Sie bestehen aus einem Kult- und einem Gruftraum, der anfänglich fast ganz in den Erdboden vertieft war. Den Zugang bildete eine kleine, unscheinbare Türe oder ein Loch im Kapellenboden, durch das die Gebeine hinuntergeworfen wurden. Die menschlichen Überreste im zweigeschossigen Beinhaus waren gleichsam doppelt geborgen und gebannt: eingelassen in der Erde des geweihten Friedhofes und überwölbt vom ebenfalls geweihten Kultraum. Allmählich ragten die Grüfte immer mehr über das Bodenniveau empor, so dass die doppelgeschossigen romanischen und frühgotischen Karner – die letzteren auch mit polygonem Grundriss – oft wie Türme wirken und sich bei befestigten Kirchenanlagen ins Wehrwerk integrieren.

Wohl fast alle Kirchen mit Begräbnisrecht verfügten über Beinhäuser in irgendeiner architektonischen Ausformung. Häufig bargen Räume, die heute kaum mehr mit dieser Funktion in Verbindung zu bringen sind, die enthobenen Gebeine, so etwa kleine Annexbauten oder gruftartige Kammern unter dem Chor oder einem andern Teil des Kirchengebäudes. Nur ausnahmsweise blieben solche Lösungen bis in die heutige Zeit erhalten, etwa der gemauerte Anbau an San Peder/St. Peter in Mistail (undatiert)

Abb. 9 a und b: Das Beinhaus der ehemaligen Klosteranlage Mistail in Alvaschein, Graubünden, sowie das Beinhaus der Kirche St. Peter und Paul auf der Insel Ufenau, Schwyz.

(Abb. 9 a) oder das schon 1141 erwähnte Beinhaus im Erdgeschoss der Sakristei der Kirche St. Peter und Paul auf der Insel Ufenau (Abb. 9 b). Es enthält die Gebeine der 1388 im Näfelserkrieg bei Rapperswil gefallenen Eidgenossen, wurde 1860 jedoch zugemauert, weil Besucher immer wieder Schädel als Andenken mitnahmen.

Die ältesten freistehenden Beinhäuser der Schweiz stammen mit ganz wenigen Ausnahmen erst aus gotischer Zeit. Es handelt sich in der Regel um Längsbauten mit ausgeschiedener Chorpartie und Satteldach. Bis ins 16. Jahrhundert entstanden sowohl ein- wie zweistöckige Bauten, deren Obergeschoss in der Regel als Kultraum, seltener auch Estrich oder als Speicher für den Getreide- oder speziell den Totenzehnten diente. Interessanterweise besteht einerseits eine formale Ähnlichkeit dieser doppelgeschossigen Beinhäuser mit gotischen zweitstöckigen Steinspeichern, andererseits eine Wechselbeziehung zwischen Sakralem und Profanem, Toten- und Fruchtbarkeitskult in beiden Gebäudetypen. Während im geweihten Beinhaus Korn gelagert wurde, lässt sich zum Beispiel im Kanton Luzern der Brauch nachweisen, an Samstagen – dem Tag der Grabesruhe Christi – und an Fronfasten Armenseelenlichtlein in Speichern und Backöfen anzuzünden.

Im hohen und späten Mittelalter änderten sich die Jenseitsvorstellungen allmählich, was sich auch auf die Ausgestaltung der Beinhausarchitektur auswirkte. Soziale, wirtschaftliche, politische Umbrüche, Seuchen und Kriege hatten Furcht und Verunsicherung ausgelöst. Dem Sinn für Transzendenz, der sich etwa im gotischen Kirchenbau äussert, stand die Verweltlichung und Geldgier der Kirche gegenüber, welche systematisch die Angst vor Fegefeuer und Hölle schürte, um zu den gewünschten Einnahmen zu kommen. Im Schwanken zwischen Askese und Ausschweifung, das breite Bevölkerungsschichten erfasste, wurde das Bewusstsein der Vergänglichkeit alles Irdischen – Jugend, Schönheit, Reichtum, Macht – und das damit verbundene Gefühl von Faszination und Grauen vor Tod und Verwesung zu einem zentralen Thema. Im 13. Jahrhundert begannen die Bettelorden, die sich als Erste um das Seelenheil der einfachen Bevölkerung kümmerten, in den Landessprachen wortgewaltig über Sünden, Gericht und Verdammnis zu predigen und zu Busse und Umkehr aufzurufen. Seit dem späteren Mittelalter waren Tod und Verwesung durch monumentale Totentänze an Friedhof- und Kirchenmauern und andere Vergänglichkeitsdarstellungen auch optisch präsent. Die soziale Kritik und Sprengkraft dieser Bilder lag in ihrem Öffentlichkeitscharakter. Der Tod als grausamer Beender des menschlichen Lebens trat nicht mehr nur im privaten Rahmen, als Meditationsobjekt in den Gebets- und Stundenbüchern von Mönchen und Adeligen auf, sondern mitten im Alltag der städtischen oder dörflichen Gemeinschaft. Jeder Mensch konnte sehen, dass der Tod ohne Unterschied alle holt, auch die Reichen und Mächtigen, was deren Autorität wenn nicht in Frage stellte,

Unter «Bettelorden» versteht man die im 13. Jahrhundert gegründeten Dominikaner und Franziskaner, die sich einem strikten Armutsideal verpflichteten. Die von verschiedenen Päpsten verliehenen Privilegien – u. a. Predigen, Beichthören, Bestatten – verhalfen ihnen zu einer führenden Stellung im Totenwesen.

so doch relativierte. «Hie richt got nach dem rechten / Die heren lige bi den knechten / NVn mercket hie By / Welger her oder knecht gewese si» (Hier richtet Gott nach dem Rechten / Die Herren liegen bei den Knechten / Nun merkt hierbei / Welcher Herr oder Knecht gewesen sei), verkündet die Inschrift am Beinhaus, das die Anfangsszene des heute nicht mehr existierenden Totentanzes des Klosters Klingental in Basel zierte. Öfter lässt sich die erste Hälfte des Spruches nachweisen, so zum Beispiel im oberen Beinhaus in Stans und an der Renaissanceballustrade im Beinhaus von Altdorf.[14]

Abb. 10: In Steinen, Schwyz, werden die Gebeine hinter einem roten Totengatter ausgestellt.

Im Zuge dieser Fokussierung auf Vergänglichkeitsthemen trat der *memento mori*-Charakter der Gebeine vermehrt in den Vordergrund. Bei den zweistöckigen Beinhäusern wurden die Grüfte häufig durch Altäre aufgewertet und der Zugang erleichtert. Einstöckige Ossarien weisen in der Regel eine fensterlose Wand oder zumindest einen fensterlosen Wandteil auf, vor denen Holzabschrankungen – «Totengatter» oder «Totenkratten» genannt – standen. Sie enthielten die grosse, anonyme Masse von Gebeinen als gewaltiges Mahnmal menschlicher Vergänglichkeit. An der gegenüberliegenden Wand befindet sich ein grosses, meist rundbogiges Fenster, das «Seelenfenster», das den Vorübergehenden den Blick auf die Gebeine freigab. Die gleiche Funktion hatten jene Eingänge, die Türe und Rundbogenfenster kombinieren und vor allem bei Bauten in der italienischen Schweiz wie Loggien wirken. Die höchste architektonische Ausformung dieser Tendenz führte zur Auflösung einer ganzen Längswand durch Arkaden, beispielsweise beim Beinhaus der Kirche St. Michael in Zug oder beim Ossarium von Steinhausen. Sie zwangen den Anblick der Gebeine den Friedhofbesuchern förmlich auf.

Ein grosser Teil der Beinhäuser ist in die Friedhofsmauer integriert und weist zwei Türen auf, durch die der offizielle Kirchweg führt. Jeder, der die

Abb. 11:
In Rickenbach, Luzern, führte der Weg zur Kirche früher durch das Beinhaus.

Messe oder den Friedhof besuchte, musste an den Gebeinen vorbeischreiten. Unbarmherzig konfrontiert mit diesem höchst realistischen Zeugnis menschlicher Vergänglichkeit, sollten alle Gläubigen sich ihrer eigenen Sterblichkeit bewusst werden, ihre Sündhaftigkeit erkennen, Bussbereitschaft empfinden, aber auch für die Armenseelen im Fegefeuer beten.

Ebenfalls im Zusammenhang mit dem Totenkult stehen jene doppeltürigen Beinhäuser, bei denen sich beide Eingänge zum Friedhof hin öffnen. Das kultische Hinein und Hinaus spielte in der katholischen Kirche seit jeher eine Rolle. An etlichen Festtagen blieb der Gottesdienst nicht auf die Kirche beschränkt, sondern bezog Friedhof und Beinhaus ein. Mit dem

Kreuz, die Psalmen *de profundis*, *miserere* oder *libera me* singend und mit der Glocke läutend zog man an Allerseelen, Fronfasten, Familien- und Schlachtjahrzeiten über die Gräber, zu einer Beinhaus-Türe hinein, an den Gebeinen vorbei und zur andern Türe wieder hinaus. Die Dokumente sprechen von «visitieren», also besuchen, oder eingedeutscht von «wisen, wysen, wüsen».

Reformation: Vom Beinhaus zur Abstellkammer

Das 16. Jahrhundert brachte einschneidende Veränderungen. Die Reformatoren lehnten die Käuflichkeit des Jenseits durch Ablässe und Vergabungen ab, also auch das Fegefeuer und den Toten- und Armenseelenkult. Nicht durch gute Werke, sondern allein durch den Glauben, *sola fide*, und die Gnade Gottes konnte der Himmel erlangt werden. Durch die Abschaffung des Heiligenkultes verlor auch die Bestattung in geweihter Erde im Umkreis der Kirchen an Bedeutung. Die Verlegung der Friedhöfe vor die Stadtmauern bot die willkommene Möglichkeit, mit dem traditionellen Totenkult zu brechen. Unterstützt wurde das Vorhaben durch das medizinische Argument, dass die aus den Gräbern aufsteigenden schlechten Gerüche Seuchen verursachen. Die reformierte Eidgenossenschaft ging bei der Räumung der Friedhöfe radikaler vor als die Lutheraner, die Calvinisten radikaler als die Zwinglianer: Grabkreuze wurden ausgerissen, «Geschlechter-Grabsteine» entfernt, Grabhügel eingeebnet, Ölbergkapellen und Totenleuchten zerstört. Am Beispiel der Beinhäuser lässt sich jedoch beobachten, dass sich die Reformation und insbesondere einzelne ihrer Verordnungen nicht schlagartig und überall gleichzeitig durchsetzten. Zwingli selbst geht in seinen 1525 verfassten Ratschlägen zu Friedhof und Bestattung nicht auf die Beinhäuser ein. Während in Bern der Befehl zum Abbruch bereits 1534 erfolgte, zögerte der Rat von Zürich im Bewusstsein, dass bestimmte Formen der Volksfrömmigkeit in der Bevölkerung stark verwurzelt waren, und verbot als Erstes lediglich die Lichter im Beinhaus. Das Grossmünster schliesslich beauftragte 1542 seinen Totengräber, die Ossarien zu leeren und die Gebeine zu begraben. Diese überraschend unentschlossene Haltung der Zürcher Reformatoren bezüglich der Beinhäuser manifestiert sich vor allem in den Daten der Räumungen. Die Kirchgemeinde von St. Peter folgte dem Beispiel des Grossmünsters erst im 17. Jahrhundert, ebenso etliche Zürcher Landgemeinden wie Kilchberg 1610, Höngg 1620 oder Uster 1638, wo – ganz im Sinn der Ahnen- und Heldenverehrung – die den Opfern des «Mordes von Greifensee» (1444) zugeschriebenen Schädel feierlich beerdigt wurden. In den 1560er Jahren mehrten sich jedoch die Auseinandersetzungen um die Beinhäuser. Einerseits griff der Rat von Zürich unter Androhung schwerer Strafen ein, wenn ein Pfarrer in der Zürcher Landschaft die Bevölkerung oder den Totengräber beauftragte,

Beeinflusst durch Wallfahrten ins Heilige Land und durch mystische Strömungen, die sich mit der Nachfolge Christi und dem Leiden und Sterben des Gottessohnes befassten, entstanden seit dem 14. und 15. Jahrhundert auf zahlreichen Friedhöfen Ölbergkapellen. Sie enthielten plastische Darstellungen des von Todesangst gepeinigten Jesus und der schlafenden Apostel.

die Ossarien zu leeren und die Knochen auf dem Friedhof zu begraben, ohne die Obrigkeit angefragt zu haben. Andererseits reagierte der Rat nicht, als Prediger aus dem Freiamt 1567 und 1568 mehrmals die Entfernung der Beinhäuser verlangten, weil die Heilige Schrift eine Bestattung in der Erde vorschreibe, die Knochen für magische Zwecke missbraucht würden und der Anblick der zerfallenden Gebeine ein Ärgernis sei.[15]

Wie in der Schweiz blieben auch im evangelischen Europa die Beinhäuser zum Teil noch längere Zeit bestehen, jedoch ohne neue Gebeine aufzunehmen. Häufig wurden sie zwar geräumt, aber nicht abgerissen, sondern zu Sakristeien, Schulen, Bibliotheken, Schatzkammern oder Gefängnissen umfunktioniert.

Das Vorgehen und die Argumentation gleichen sich in allen Regionen: durch behutsame und beschwichtigende Predigten wurden die Gläubigen aufgeklärt, dass die Bibel die Erdbestattung vorschreibe und die Beinhäuser abzuschaffen seien, weil sie eine Unsitte des Papsttums und der Katholiken darstellen und dazu einladen, Knochen zu stehlen und für Zauberei zu missbrauchen.

Die Lehre von den «Vier letzten Dingen» – Tod, Gericht, Himmel, Hölle – gehört seit dem Mittelalter zu den zentralen Themen der christlichen Heilslehre und wurde in Predigten, Traktaten, Dramen und bildlichen Darstellungen beschworen. Sie dient der Mahnung, stets an das Ende zu denken, Gutes zu tun und Sünden zu vermeiden.

Barock: Zwischen Drastik und Melancholie

Die katholische Kirche hielt – gefestigt durch die Beschlüsse des Konzils von Trient – am Fegefeuer- und Armenseelenglauben, an der gegenseitigen Verantwortung der Lebenden und der Toten und an der Macht der «guten Werke» fest. Die durch die Gegenreformation initiierte barocke Kultur vereinigte überschäumende Festfreude und Sinnenlust mit dem Wissen um die Nichtigkeit alles Irdischen. Melancholische Sinnbilder der Vergänglichkeit und drastische Darstellungen von Tod, Fegefeuer, Himmel und Hölle visualisierten in den neu erbauten oder barockisierten Beinhäusern die Lehre von den «letzten Dingen». Der Anstoss zur neuen Blütezeit der Ossarien ging möglicherweise vom einflussreichen Mailänder Kardinal Karl Borromäus aus, der 1570 die Innerschweiz bereist hatte und in einem Brief den moralischen Tiefstand des Klerus beklagte, sich jedoch von der Frömmigkeit des Volkes und den sorgfältig instand gehaltenen Beinhäusern beeindruckt zeigte. 1573 schrieb das 3. Mailänder Provinzialkonzil ausdrücklich den Bau von Ossarien und die ordentliche Aufschichtung der Gebeine vor. Das Anliegen der katholischen Reformbewegung, die Seelsorge zu intensivieren, führte zudem zur Aufteilung der mittelalterlichen Grosspfarreien und zur Errichtung zahlreicher neuer Pfarrkirchen und Beinhäuser. In der italienischsprachigen Schweiz finden wir neben Ossarien mit mehr oder weniger quadratischem Grundriss (Gentilino) eher breit hingelagerte Baukörper, die öfters über ein markantes Vorzeichen (Coglio, Abb. 12) oder einen vorgelagerten Arkadengang verfügen (Cevio).

Abb. 12:
Das Beinhaus von Coglio, Tessin, ist mit einem markanten Vorzeichen ausgestattet.

In der Deutschschweiz integrierte sich die architektonische Formensprache der neu errichteten Beinhäuser zum Teil ins barocke Gesamtkonzept, so etwa die kleinen Zentralbauten in Bürglen (1683) und Wassen (1742). Häufiger aber blieben sie dem allgemeinen Kapellentypus treu, bestehend aus Langhaus und polygonalem, zum Teil eingezogenen Chor. An die Stelle der Totenkratten mit der Masse anonymer Gebeine traten jedoch Nischen, die nur noch einzelne, öfters mit Namen oder Initialen versehene Schädel präsentierten. Tendenziell verschob sich allmählich der Akzent vom Bewusstsein der Gleichheit aller Pfarreimitglieder und dem gemeinsamen Warten auf die Auferstehung hin zu einem individualisierten Totengedenken und einem *memento mori*, das vor allem an die eigene Sterblichkeit erinnerte, zur Busse aufrief und die Mahnung enthielt, sich nicht nur auf die Gnade einer guten Sterbestunde zu verlassen, sondern stets so zu leben, dass man das Gericht nicht fürchten muss. Unverändert wichtig blieb das Gebet für das Seelenheil der Verstorbenen.

Moderne: Abbruch oder Profanisierung

Im späten 18. Jahrhundert begann man auch in katholischen Gebieten teils aus praktischen, teils aber auch aus weltanschaulichen und ästhetischen Gründen, einzelne Beinhäuser zu räumen und ausnahmsweise abzubrechen. Schädel und Gebeine wurden in Massengruben auf dem Friedhof oder unter dem Beinhausboden bestattet, häufig begleitet von kirchlichen Zeremonien. Die Ursachen differieren und müssten in jedem Einzelfall durch Recherchen in den Pfarrarchiven überprüft werden. Ein Grund ist sicherlich der Platzmangel. Als beispielsweise 1770 das Beinhaus von Neudorf vollständig mit Knochen ausgefüllt war, beschloss die Gemeinde eine

Renovation. Am Fest des hl. Georg liess der Pfarrer 20 Männer 5 Stunden lang zwei grosse Gräben ausheben, den einen unter dem Kirchenweg, den andern unter dem Weg, über den man im Friedhof die Prozessionen hielt. Nach dem Rosenkranz musste die gesamte Jugend die Gebeine ihrer Vorfahren zu den Gruben tragen, die der Pfarrer abschliessend unter Läutung aller Glocken segnete. Trotz Räumung wurde der religiöse Kontext bewahrt: die Idee der Zusammengehörigkeit der Lebenden und der Verstorbenen, durch die Beteiligung der Jugend die Verbundenheit über Generationen und durch das Massengrab unter dem Kirchen- und dem Prozessionsweg auch die Segnung und Bannung der Toten.[16]

Unterstützt vom Patriziat der Städte Luzern, Freiburg und Solothurn, das einen aufgeklärten Absolutismus vertrat, kündete sich bereits um 1750 auch in der katholischen Kirche ein weltanschaulicher Wandel an.[17] Vor allem in jenem Teil der Schweiz, der dem Bistum Konstanz unterstand, trat der aufgeklärte Flügel des Klerus vermehrt in Erscheinung. Ignaz Heinrich von Wessenberg (1774–1860), der fortschrittliche Generalvikar des Bistums Konstanz, strebte ein pastorales Reformprogramm an, das auf einer aufgeklärten Richtung der Theologie beruhte und vieles vorwegnahm, was dann im Zweiten Vatikanum (1962–1965) umgesetzt wurde: ein eher rationaler Zugang zur Religion, eine auf die Bibel ausgerichtete Wortverkündigung, eine Liturgie, die zur besseren Verständlichkeit auch Elemente der Volkssprache einschloss, sowie Reduktion der Feiertage. Im Kampf gegen «Fanatismus» und «Dummheit» setzte er sich gegen die «abergläubischen» Praktiken der Volksreligiosität ein und trug dadurch zum Verschwinden vieler althergebrachter Glaubenspraktiken und wertvoller Kulturgüter bei. Dies führte einerseits zu trotzigen Reaktionen innerhalb der Bevölkerung, andererseits zum Zerwürfnis mit dem päpstlichen Nuntius und zur Spaltung der Geistlichkeit in ein traditionelles und ein aufgeklärtes Lager. Auch wenn meines Wissens keine direkte Aufforderung zur Aufhebung der Beinhäuser erfolgte, verstärkte sich wohl unter dem Einfluss fortschrittlicher Pfarrherren der Ruf nach Nüchternheit, Klarheit und klassizistischer Ästhetik und damit verbunden eine gewisse Säkularisierung des Totenkultes, die möglicherweise mitverantwortlich für die Vernachlässigung und den Abbruch vieler Ossarien im 19. Jahrhundert war. Die dem neuen Zeitgeist verpflichteten katholischen Kreise zeigten sich zudem offen gegenüber den philosophischen Strömungen, die dem Tod Schrecken und Grauen absprachen und ihn als «Bruder des Schlafes» und «Freund Hein» definierten. Unnüberhörbar erhob sich auch der Ruf nach mehr Hygiene. Zwar hatten schon die Pestbüchlein des 16. und 17. Jahrhunderts die schlechte Luft als Ursache für Entstehung und Verbreitung von Seuchen gebrandmarkt – und es stank nachweislich vielerorts in den Beingrüften – im Zeichen der Aufklärung verstärkten sich jedoch die Forderungen.

Im 19. Jahrhundert begann ein wirtschaftlicher Zweig immer mehr an Bedeutung zu gewinnen: der Tourismus. Es galt, den Gästen den Aufenthalt in der heilen Bergwelt so harmonisch und glücklich wie möglich zu gestalten und sie keinesfalls mit Sterben und Tod zu konfrontieren. Viele Beinhäuser wurden geschlossen, geräumt, oder man unternahm zumindest den Versuch, den Eindruck von Ordnung und Reinlichkeit zu erwecken, indem man – wie in Stans – vor die Totenkratten mit ihrer Fülle von Skeletttteilen eine Bretterwand einzog und höchstens noch einzelne Schädel auf Regalen ausstellte. Ihres ursprünglichen Zweckes, oft auch jeder religiösen Nutzung beraubt und profaniert, verkamen viele Ossarien immer mehr. Für uns heute fast unvorstellbar: nur dank des Einsatzes des Kunsthistorikers Rudolf Rahn gelang es 1901, das Beinhaus von Wolhusen mit seinem einzigartigen Totentanz vor dem Abbruch zu bewahren. Auch noch in der zweiten Hälfte des 20. Jahrhunderts interessierte sich die Denkmalpflege kaum für die kleinen, aber kulturhistorisch bedeutenden und zum Ensemble von Kirche und Friedhof gehörenden Bauten. Anlässlich der Inventarisation der Innerschweizer Beinhäuser teilte mir 1971 der Kirchensigrist von Beromünster mit, das aus dem 16. Jahrhundert stammende Gebäude werde demnächst abgerissen, was glücklicherweise nicht geschah. Auch das vom völligen Zerfall bedrohte Ossarium von Cauco wurde 2003 nur durch das beispiellose Engagement einer Privatperson gerettet und restauriert (Abb. 13).

Zum mangelnden Interesse der Denkmalpflege gesellten sich die Auswirkungen des Zweiten Vatikanischen Konzils (1962–1965). Dieses brachte die dringend notwendige Öffnung der katholischen Kirche gegenüber anderen Konfessionen, die Aufweichung verkrusteter Strukturen und den Einbezug der Laien in Liturgie und Seelsorge, löste aber bei einigen Klerikern auch das Bedürfnis aus, die Religion zu konsequent auf die «Wahrheit» zu reduzieren

Abb. 13: Das Beinhaus in Cauco, Tessin, mit seinen schönen Wandmalereien wurde nur dank des Einsatzes einer Einzelperson vor dem Abbruch gerettet.

und seit Jahrhunderten verehrte Heilige, aber auch Riten und Elemente des religiösen Brauchtums, die den Glauben sinnlich erlebbar gemacht hatten, zu eliminieren. Im Zuge dieser «Modernisierung» wurden in der zweiten Hälfte des 20. Jahrhunderts nochmals etliche Beinhäuser geräumt.

Seither hat sich das Blatt gewendet. Die Wiederentdeckung der Mystik und der neuerwachte Sinn für Rituale in beiden Konfessionen haben die Voraussetzungen geschaffen, sich intensiver mit dem Tod zu beschäftigen, ihn zu enttabuisieren. Dazu kommen in breiten Bevölkerungsschichten ausserkirchliche Aspekte: persönliche Sinnsuche, der Glaube an eine Wiedergeburt, die Auseinandersetzung mit andern Religionen und Esoterik, die Gothic-Szene und die Faszination für Science Fiction. Das Interesse an Bein- und Mumiengrüften steigt, nicht nur aus einem oberflächlichen Gruseleffekt oder der Suche nach dem «Einheimisch-Exotischen» heraus, sondern auch – vielleicht als Gegenreaktion zur Globalisierung – aus echter Sehnsucht nach dem «Ursprünglichen».

ANMERKUNGEN

1 Jegerlehner 1985, 99–100.
2 Odermatt-Bürgi 1977, 204ff.
3 Sörries 2003, 32; 41.
4 Le Goff 1984; Sörries 2003, 28f.
5 Siehe den Beitrag von Paul Koudounaris im vorliegenden Buch.
6 Mitteilung von lic. iur. Willy Käslin (1925–2002), Beckenried, 1977.
7 Die Beinhäuser in der katholischen Schweiz, in: Neue Illustrirte (!) Zeitschrift für die Schweiz, Bd. 1, 1849, Nr. 10.
8 Vgl. Odermatt-Bürgi 1977, 190.
9 Vgl. Koudounaris 2011.
10 Vgl. Die Beinhäuser in der katholischen Schweiz, in: Neue Illustrirte (!) Zeitschrift für die Schweiz, Bd. 1, 1849, Nr. 10.
11 Vgl. Ariès 1980, 488.
12 Konzilien von Mâcon und Auxerre (6. Jahrhundert), Lex Salica, Capitularien des Bonifatius, Karls des Grossen und Ludwigs des Frommen (8. Jahrhundert). Vgl. Odermatt-Bürgi 1976, 13–14.
13 Siehe Sörries 1996; Westerhoff 1989; Zilkens 1993.
14 Odermatt-Bürgi 1996, 136; 165–166.
15 Illi 1992, 109ff.; Hauser 1994, 58–63.
16 Odermatt-Bürgi 1976, 126.
17 Hersche 2006, 952ff.; Wicki 1990.

BILDNACHWEISE

Abb. 3: Abbildung aus: Curti 1947, Abb. 11.
Abb. 5: Stich aus dem 19. Jahrhundert: Privatbesitz Anna-K. Höpflinger.
Abb. 7: Neue Illustrirte Zeitschrift für die Schweiz 1, 1849, Nr. 10.
Abb. 8: Luzerner Schilling, Folio 330v.

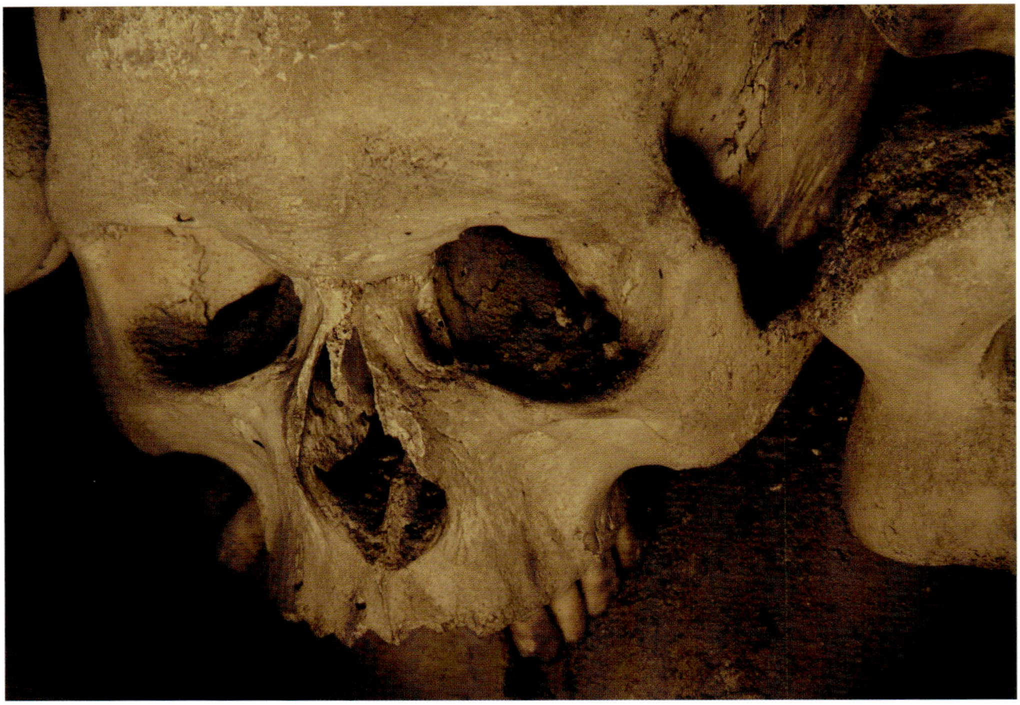

I.N.R.I.

BEINHÄUSER *IM WALLIS*

Bagnes: *Eine Entdeckung im Untergeschoss*

Katholische Pfarrkirche Saint-Maurice

Das Beinhaus von Bagnes ist mit dem für Ossarien typischen Schlüssellocheingang und einem grossen halbrunden Fenster ausgestattet.

Ein neben der imposanten Kirche St. Maurice gelegenes, freistehendes Gebäude ist schon von weitem als Beinhaus erkennbar. 1561 erbaut, wurde es in den Jahren 1974–1982 zuletzt restauriert. Im Innern kann man Heiligenfiguren und einen Tisch erkennen. Gebeine sind jedoch keine zu finden – obwohl unsere Recherchen auf noch vorhandene Knochen hinweisen. Etwas ratlos gehen wir weiter und besuchen die Kirche, die etwa 25 Jahre vor dem Ossarium erbaut wurde. Erst auf dem Rückweg fällt ein versteckter unterer Eingang zum Beinhaus auf. Hier lagern hinter einer Glasscheibe unzählige unsortierte Gebeine. Das Ganze wirkt etwas ungepflegt. Die Scheibe ist in der Mitte gebrochen, zwischen den Knochen liegen Laub und Schmutz. Vermutlich sind die Gebeine ursprünglich im oberen Raum ausgestellt und dann bei einem Umbau in den Keller umgelagert worden. Diese ungeordnete Ansammlung der Knochen bietet allerdings eine Vorstellung davon, wie Beinhäuser früher auch ausgesehen haben. Denn neben dem geometrischen Anordnen der Gebeine gab es auch die Praxis, die Knochen einfach unsortiert in einem Raum zu sammeln.

Das Beinhaus ist rund um die Uhr öffentlich einsehbar;
geöffnet werden kann die Glasscheibe jedoch nicht.

Glis: *Wenn der Vorhang fällt*

Katholische Pfarrrkirche Mariä Himmelfahrt

Die monumentale, zwischen 1648 und 1668 durch die Brüder Bodmer erbaute barocke Pfeilerbasilika Mariä Himmelfahrt in Glis steht auf den Grundmauern verschiedener früherer Kirchen, von denen die älteste ins 7. Jahrhundert datiert werden kann. Auf dem Friedhof neben der Kirche ist die Kapelle St. Josef zu finden. Sie wurde 1673 erbaut; 1894 kam ein imposanter Triumphbogenvorbau hinzu. Im Inneren ist die Kapelle schlicht gehalten. Gebeine sind auf den ersten Blick keine zu entdecken. Hinter einem grossen Kruzifix befindet sich jedoch ein Gitter, das durch einen grauen Vorhang verdeckt wird. Ein Blick hinter diese Gardine lohnt sich: Mehrere Dutzend Schädel liegen dort unsortiert aufgehäuft und bilden so ein bemerkenswertes *memento mori*.

Die Kapelle St. Josef ist während der Öffnungszeiten der Kirche frei zugänglich.

Grosser St. Bernhard: *Die Leichenhalle im ewigen Eis*

Morgue, Hospice du Grand-Saint-Bernard

Berühmt geworden für die Hilfe an Reisenden sind nicht nur die Chorherren, sondern auch ihre Bernhardinerhunde.

Auf dem Grossen St. Bernhard auf einer Höhe von fast 2500 Metern über Meer wird seit Jahrhunderten von Augustiner Chorherren ein Hospiz geführt – und zwar ganzjährig. Es gehört zum Bistum Sitten. Gegründet wurde es im 12. Jahrhundert und existiert bis heute fort, wenn auch mit gewissen Veränderungen.[1] Eine der Hauptaufgaben der Augustiner Chorherren waren Hilfeleistungen für Passreisende. Der Pass erhielt erst 1893 eine befahrbare Strasse. Der Weg über den Pass war vor allem im Winter gefährlich: Lawinen, Unfälle, Hunger, Erschöpfung und Abkommen vom Weg konnten tödlich enden. Die Aufgabe der Chorherren war deshalb in den harten Wintermonaten keine einfache. Immer wieder konnten sie Reisende nur noch tot aus den Schneemassen bergen. Diese Eisleichen wurden in der sogenannten Morgue, der Leichenhalle, bis zum nächsten Frühjahr gelagert, um sie danach ins Tal zu überführen. Die Morgue ist ein kleines Gebäude südöstlich des Hospizes, in das die geborgenen Leichen, da sie meist gefroren waren, so hineingelegt wurden, wie sie aufgefunden worden waren.

Sie sind also mit ihrer vollständigen Kleidung, liegend oder zusammengekauert, erhalten. Gewisse dieser Leichen hatten keine Angehörigen, so dass sie schliesslich in der Morgue blieben. Bisweilen zogen es die Verwandten auch vor, die Verstorbenen auf dem Pass in der Nähe des Hospizes, wo für sie gebetet wurde, zu lassen. Der Letzte, der in der Morgue unterkam, war gemäss Volkskundler Paul Hugger ein junger Mann aus dem Aostatal, der zu Beginn der 1930er Jahre auf dem Pass verstarb.

Das Gebäude ist im Inneren in zwei Räume geteilt, da die Verstorbenen nach ihrer Konfession getrennt gelagert wurden. Der kleinere Raum ist für Reformierte reserviert. Dort befanden sich bei der letzten Öffnung Ende der 1980er Jahre nur noch wenige Schädel. Der grössere Raum birgt römisch-katholische Verstorbene; hier lagern bis heute über ein Dutzend ganze Körper und eine grosse Anzahl von Schädeln.

Die Morgue und die sich darin befindlichen Eismumien galten lange Zeit als besondere Sehenswürdigkeit auf dem Pass. Um den touristischen Voyeurismus zu unterbinden, beschlossen die Chorherren jedoch in den 1950er Jahren, die beiden Fenster zur Morgue zuzumauern. 1988 wurde die Morgue für Restaurationsarbeiten geöffnet und danach wieder verschlossen. Heute zeugt nur ein Messingschild davon, was sich in ihr befindet.

Das Innere der Morgue ist heute nicht mehr zugänglich.

Leuk: *Schatzkammer mit Gruseleffekt*

Katholische Pfarrkirche St. Stephan

O mors dura quam tristia sunt tua iura («Oh strenger Tod, wie traurig sind deine Satzungen») steht als handschriftliche Rötel-Inschrift neben vielen anderen Sprüchen von früheren Besuchern und Besucherinnen an der Ostseite des grossen Mittelpfeilers im Beinhaus Leuk. Auch ein antireformatorischer Spruch ist bei diesen Inschriften zu finden.[2] Auf den anderen Seiten sind imponierende Totentanzdarstellungen sowie die Skizze eines Christus zu sehen.

Die Entstehungszeit des Beinhauses in Leuk ist unklar, vermutlich ist es ins späte 15. oder frühe 16. Jahrhundert zu datieren.[3] Neuere dendrochronologische Untersuchungen aus dem Jahr 2014 zeigen, dass das Holz der im Ossarium zu findenden Balken aus der Zeit um 1454 und um 1493 stammen.[4] Da damals für einen Neubau vielfach ältere Hölzer benutzt wurden, kann mit Sicherheit nur gesagt werden, dass das Beinhaus in der heute vorliegenden Form nicht vor den 1490er Jahren erbaut wurde. Das Ossarium liegt unter dem Schiff der Kirche und wird durch eine Tür von Süden her betreten. Es weist heute beeindruckende Gebeinwände aus

übereinander gelagerten Reihen von Schädeln und Oberschenkelknochen auf, die in die Entstehungszeit des Beinhauses zu datieren sind. Vor diese Gebeinwänden wurden bis ins 19. Jahrhundert unzählige weitere Knochen aufgeschichtet.

1886 wurde beschlossen, die Gebeine mit Mauern abzudecken und das Beinhaus zu schliessen, da zu viel Unfug darin getrieben worden sei. Das Wissen um die Knochenmassen, die unter der Kirche lagerten ging bei der Bevölkerung weitgehend verloren.[5] Für die Öffentlichkeit wurde das Gebäude erst nach einer Renovation in den 1980er Jahren wieder geöffnet. Das Protokoll dieser Renovation liest sich wie eine Schatzsuche: 1982 erhielt Ewald Grand, der bei der Renovation an der Kirche arbeitete, den

Bisweilen verstecken sich in Beinhäusern auch unerwartete Kostbarkeiten, beispielsweise zwischen den Gebeinen «begrabene» Heiligenstatuen.

Auftrag, einen alten Schrank im Raum unter der Kirche (dem Beinhaus) zu entfernen. Er berichtet davon in einem von Werner Bellwald verfassten Artikel: «[...] einmal hiess es, ich solle hier unten den Schrank rausreissen und als ich das tat und hinten ein Loch entstand, da purzelten mir mehrere Schädel entgegen und fielen auf den Boden.»[6] Grand und seine Kollegen stiessen auf immer mehr Gebeine, die sie in Schubkarren vor das Beinhaus fuhren und dort in einem vorher ausgehobenen Loch begruben. Im Zuge dieses Umbaus wurden schliesslich alle der 1886 eingezogenen Mauern abgetragen. Sämtliche Gebeine (es waren insgesamt um die 25'000) wurden bis auf die heute sichtbaren imposanten Schädelwände (die zum Glück stehen gelassen wurde) ausgeräumt und bestattet. Bei dieser Renovation kam eine stattliche Anzahl wertvoller Heiligenstatuen und Skulpturen zum Vorschein, die zwischen den Gebeinen und den Wänden «begraben» lagen.[7] Dieser Fund ist vermutlich dem Brauch zu verdanken, nicht mehr genutzte Heiligenstatuen nicht einfach wegzuwerfen, sondern sie angemessen zu bestatten. Er zeigt, dass Heiligenfiguren nicht als «tote» Materie, sondern als etwas Präsentes betrachtet wurden.

Das durch die Renovation geräumiger gewordene Beinhaus Leuk ist heute während der Öffnungszeiten der Kirche zugänglich und gilt, zusammen mit Naters, als eines der schönsten der Schweiz. Besonders beachtenswert ist auch der imposante Gekreuzigte, dessen Blut plastisch aus den Wunden rinnt. Das Ossarium wird heute auch als Aufbahrungskapelle verwendet und ist dann für Touristen und Touristinnen geschlossen. Ist eine verstorbene Person aufgebahrt, werden die Schädelwände in der Regel durch rote Vorhänge verdeckt.

Das Beinhaus Leuk ist heute während der Öffnungszeiten der Kirche zugänglich.

Naters: *Im Angesicht der Vorfahren*

Katholische Pfarrkirche St. Mauritius

Das Beinhaus von Naters ist eines der bekanntesten und beeindruckendsten Beinhäuser der Schweiz.[8] Es wurde 1513/1514 von Ulrich Ruffener erbaut. Das zweigeschossige Gebäude beinhaltet im unteren Geschoss ca. 31'000 Schädel, darüber befindet sich eine Kapelle mit einem Altar der Anna Selbdritt.

Das Obergeschoss des Beinhauses in Naters wird heute als Aufbahrungskapelle verwendet.

Ein Tuffsteinbogenfenster, über dem die Treppe ins Obergeschoss angesiedelt ist, gibt den Blick frei auf die imposante Schädelwand im Untergeschoss. Vor ihr steht eine Kreuzigungsgruppe, die überschrieben ist mit den Worten «Was ihr seid / das waren wir / Was wir sind / das werdet ihr». Daneben an der Seitenwand ist ein Kruzifix mit einem bekleideten Christus zu finden: Der Körper dieses Gekreuzigten stammt aus den 1930er Jahren, der Kopf aus frühromanischer Zeit. Dieser Kopf gehörte zu einer bekleideten Figur des Gekreuzigten, die (fälschlicherweise) von Teilen der Bevölkerung für die Heilige Kümmernis gehalten und entsprechend verehrt wurde (zum Beispiel indem man sie mit Stoffkleidern und Kränzen ausstattete).[9]

Auf alten Bildern kann man erkennen, dass sich nicht nur das Bodenterrain im unteren Beinhaus mit der Zeit angehoben hat (es wurde bei der letzten Renovation wieder aufs ursprüngliche Niveau zurückversetzt), sondern auch, dass verschiedene Votivgaben, z.B. Holzbeine, neben der grossen Kreuzigungsgruppe aufgehängt waren. Bei der letzten Renovation wurden wie in Leuk zwischen den Gebeinen Heiligenstatuen gefunden, die nicht mehr gebraucht wurden und im Beinhaus eine ehrenvolle Bestattung erhielten.

Das Beinhaus ist auch heute noch rege ins Alltagsleben der natischer Bevölkerung integriert: Vor dem Fenster werden beispielsweise Kerzen für die Verstorbenen angezündet und Gebete abgehalten. Und eine junge Frau berichtet uns, dass sie dem Beinhaus als Kind mit der Schule einen offiziellen Besuch abgestattet hätte, und es ihr unheimlich gewesen sei, weil so viele Geistergeschichten darüber zirkulierten. Die alte Postkarte oben zeigt das Beinhaus von Naters in der ersten Hälfte des 20. Jahrhunderts. Unter und neben der Kreuzigungsgruppe stehen und hängen Kreuze, Perlkränze, Kerzenleuchter sowie Votivgaben.

Während früher die beiden Türen offen standen, so dass man durch das Beinhaus gehen konnte, ist es heute verschlossen, jedoch jederzeit durch das grosse Fenster einsehbar.

Saxon: *Unter der Falltür*

Alte Kirche Saint-Maurice

Auf einer Anhöhe mit herrlicher Sicht über das Tal und direkt unterhalb eines mittelalterlichen Wehrturms liegt die alte Kirche von Saxon, die 1991 zuletzt renoviert wurde.[10] Sie stammt aus dem 10. Jahrhundert und wurde bis ins 19. Jahrhundert regulär verwendet. Heute findet nur noch einmal pro Jahr, jeweils an Auffahrt, ein Gottesdienst statt. Das Beinhaus befindet sich im Keller dieser Kirche. Von aussen kann man durch ein vergittertes Fenster einen Blick auf die Gebeine werfen. Die Kirche selbst ist abgeschlossen. Hat man den Schlüssel organisiert, muss man durch eine verborgene Bodentür eine steile Treppe hinuntersteigen. Das Innere des Raumes präsentiert sich einem sodann in bestechender Schlichtheit. Gebeine aller Art bedecken ungeordnet etwa zwei Drittel des Bodens. Es ist eine eigene Welt, die wenig gemeinsam hat mit den geordneten Schädelwänden, die sich den Besuchern und Besucherinnen etwa in Leuk oder Naters präsentieren.

Besondere Bedeutung erhielt die Kirche Saint-Maurice als Wallfahrtskirche.

Die Gestaltung des Beinhauses verfolgt heute vor allem einen pragmatischen Zweck und dient in erster Linie der Lagerung der Gebeine.

Trotz dieser ungeordneten Schlichtheit, die vor allem auf die Aufbewahrung der Gebeine ausgerichtet ist, fasziniert auch dieses Beinhaus.

Das Beinhaus ist geschlossen, jedoch durch ein Fenster einsehbar.

ANMERKUNGEN

1 Siehe Hugger 2002, 299–303.

2 Er lautet «Oh frommer Christ, hüte dich vor der Lutherischen Trug und List». Siehe Bellwald 2015, 315.

3 Genaueres zum Beinhaus von Leuk bei Sarbach 1994; Bellwald 2015, 309–313.

4 Bellwald 2015, 311f.

5 Vielen Dank an Carlo Schmidt für diesen Hinweis.

6 Bellwald 2015, 307.

7 Zum genauen Vorgang des Auffindens siehe Bellwald 2015, 308.

8 Für Informationen zur Bedeutung des Beinhauses siehe den Beitrag von Jean-Pierre Brunner im vorliegenden Buch.

9 Die Kümmernis (auch: Wilgefortis) soll gemäss spätmittelalterlichen Legenden die christliche Tochter eines nicht-christlichen Königs gewesen sein. Um einer geplanten Heirat zu entgehen, habe die Prinzessin innig um eine Verunstaltung gebetet, worauf ihr ein Bart gewachsen sei. Als Strafe habe der Vater sie kreuzigen lassen. Die in Naters als diese Heilige verehrte frühromanische Christusstatue wurde 1882 zersägt, um der volkstümlichen Verehrung der Kümmernis Einhalt zu gebieten. Genaueres zu der ehemaligen Statue bei Schnürer 1903, 112f.

10 Genaueres zur Kirche bei Elsig o. J.

BILDNACHWEISE

Grosser St. Bernhard: Die Postkarte war als Souvenir für Touristen und Touristinnen im ersten Viertel des 20. Jahrhunderts gedacht: Privatbesitz Yves Müller.

Grosser St. Bernhard: Die Morgue während der letzten Öffnung in den 1980er Jahren. © Maison hospitalière du grand-saint-Bernard, Médiathèque Valais.

Naters: Postkarte: Privatbesitz Anna-K. Höpflinger.

Pater

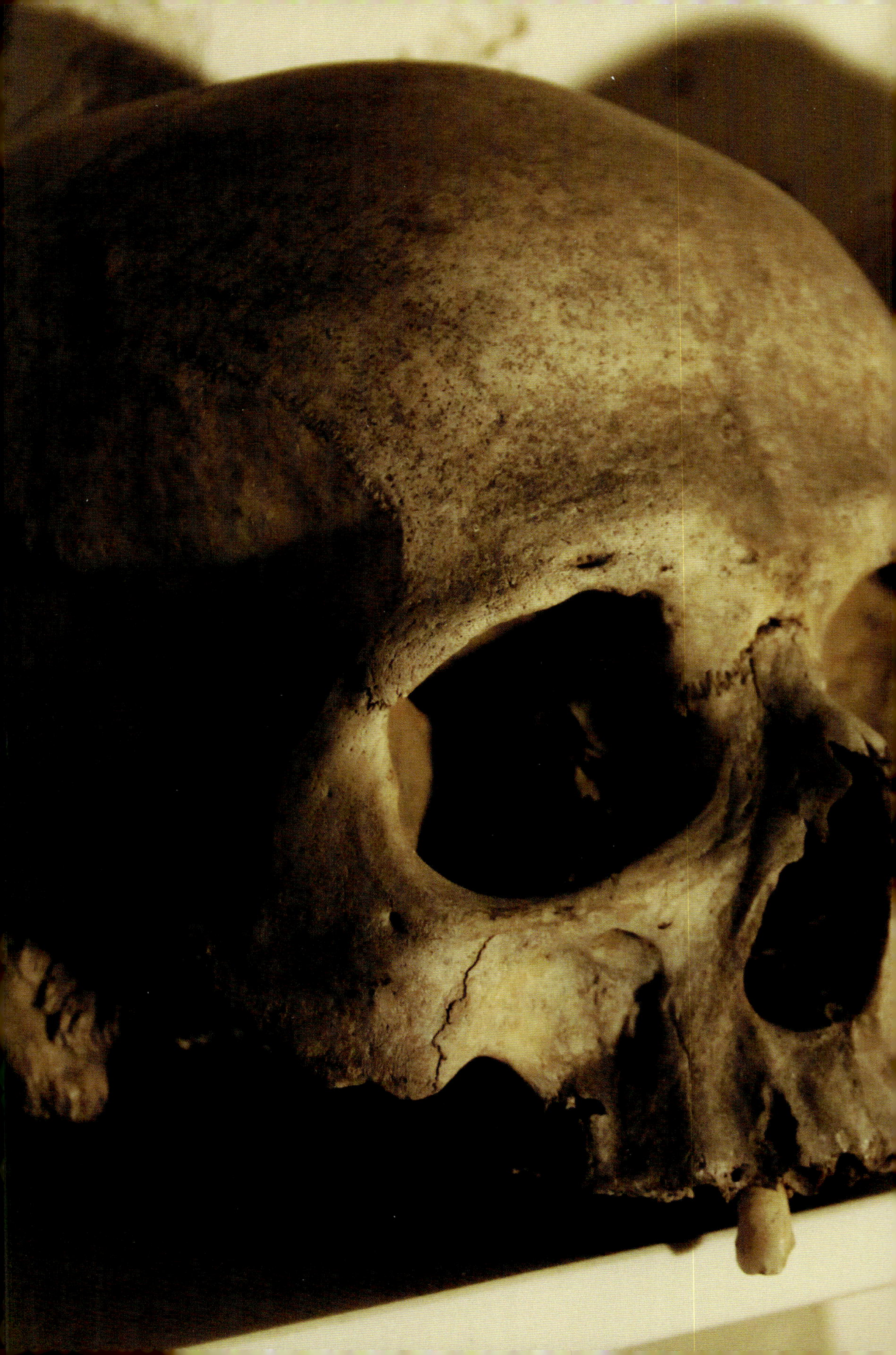

BEINHÄUSER ALS HOFFNUNGSVOLLE VERBINDUNG VON VERGANGENHEIT UND ZUKUNFT

Ein Gespräch mit Jean-Pierre Brunner, Pfarrer von Naters

Vor dem Beinhaus in Naters werden auch heute noch Kerzen für die Verstorbenen angezündet.

Als wir zum Beinhaus-Fototermin in Naters eintreffen, herrscht vor dem vergitterten Tuffsteinbogenfenster, das den Blick auf die beachtliche Schädelwand freigibt, reges Treiben: Passanten bleiben stehen und schauen neugierig ins Ossarium, Einwohnerinnen zünden Kerzen vor dem Fenster des Beinhauses an, und ein Fotograf versucht, die besondere Stimmung der imposanten Schädelwand einzufangen. Wir sind an diesem Tag privilegiert, denn wir sind mit Pfarrer Jean-Pierre Brunner verabredet und dürfen die Treppenstufen ins normalerweise geschlossene untere Beinhaus hinabsteigen. Im Ossarium angekommen, weist uns Pfr. Brunner auf Besonderheiten wie einen gespaltenen Schädel in der Gebeinwand hin. Er weiss auch aufschlussreiche Anekdoten zu erzählen, so etwa, dass mehrfach Schädel entwendet worden seien, als das Beinhaus noch zugänglich für alle war. Gewisse der Diebe wurden gefasst und mussten eine Busse bezahlen. In einem anderen Fall brachte erst ein Nachkomme den entwendeten Schädel wieder zurück, worauf dieser Schädel, begleitet von einer feierlichen Messe, wieder in die Reihen der Gebeine gestellt wurde. Ausserdem deutet Pfr. Brunner uns die heutige Einrichtung des Beinhauses mit der imposanten Kreuzigungsgruppe vor der Schädelwand (Abb. 6) und dem teilweise aus romanischer Zeit stammenden Gekreuzigten an der Seitenmauer. Er erklärt, dass ein vor der Gebeinwand stehender schwarzer Kindersarg ein typisches *memento mori*-Motiv darstelle, das früher häufig in Beinhäusern zu finden gewesen sei. Heute ist ein solches Artefakt in Schweizer Beinhäusern nur noch in Naters zu finden.[1] Schliesslich dürfen wir auch einen Blick ins obere Beinhaus – die St.-Anna-Kapelle, die heute als Aufbahrungsraum verwendet wird – werfen.

Das Beinhaus von Naters ist unserer Meinung nach nicht nur eines der schönsten der Schweiz, es ist auch eines der wenigen, das noch immer stark in die religiöse Praxis der Bevölkerung integriert ist. Im Anschluss an die Führung haben wir Pfarrer Brunner deshalb um eine Verschriftlichung seiner Überlegungen zur heutigen Bedeutung der Beinhäuser gebeten. In Erinnerung an die aufschlussreiche Führung sind diese theologischen Erläuterungen im Folgenden widergegeben.

Zunächst macht Pfr. Brunner klar, dass Beinhäuser nicht von der Idee einer leiblichen Auferstehung der Toten gelöst werden könnten, denn zur Auferstehung brauche es etwas, das auferweckt werden könne – «auch

Abb. 1:
Der Blick vom Eingang ins untere Beinhaus von Naters, Wallis.

wenn es nur Knochen sind». An diesen Auferweckungsglauben kann auch die Suche nach einer gegenwärtigen Bedeutung von Beinhäusern anknüpfen: «Die Bedeutung von Beinhäusern heute könnte darin liegen, dass theologisch ein Impuls gegeben wird, über unseren Auferstehungsglauben nachzudenken. Glauben wir wirklich, dass wir leibhaftig auferstehen werden – oder nur als Geistwesen? Die jüdisch-muslimisch-christliche Tradition betont, dass wir bei der Auferstehung erneut einen Leib erhalten werden (wenn auch einen himmlischen). Die Voraussetzung hierfür wurde aber darin gesehen, dass wir auch den irdischen Leib nicht zerstören – sondern wenigstens die Knochen aufbewahren, damit Gott diese auferwecken und mit einem neuen, himmlischen Leib umgeben kann.»

Pfr. Brunner betrachtet es als Chance, beim Nachdenken über Ossarien bei der Reflexion der eigenen Vergänglichkeit anzusetzen, denn Beinhäuser bieten «einen Impuls zur persönlichen Betrachtung der eigenen Sterblich-

Abb. 2: Die imposante Schädelwand regt zum Nachdenken über die eigene Sterblichkeit an.

keit sowie der Einstellung und Hoffnung für die Ewigkeit». Beinhäuser können insofern dazu dienen, «dem Trend zur Privatisierung von Trauer und Beerdigung entgegenzuwirken. Trauern ist ein gemeinschaftlicher Akt: Nicht nur eine Kleinfamilie trauert, denn, da wir seit der Taufe alle zu einer Familie der Kinder Gottes gehören, nimmt eine ganze Gemeinschaft hoffnungsvoll Abschied von einem Familienmitglied. Ein Beinhaus bietet also die Gelegenheit, Tod und Trauer nicht in die engste Privatsphäre abzudrängen, sondern ins Bewusstsein der Gemeinschaft zu tragen. Beinhäuser ermöglichen uns, dass trauernde Angehörige in der Gemeinschaft mitgetragen werden.» Ossarien bieten laut Pfarrer Brunner also eine Einbettung von Sterben und Trauer in einen geborgenen und hoffnungsvollen Rahmen. Das Problem des Sterbens kann zwar nicht gelöst, aber die Trauer kann durch den Zusammenhalt und den Beistand der Gemeindemitglieder geteilt werden. Der Tod wird so, gemeinschaftlich erlebt, zu einem Übergang. Dies zeigt sich in den religiösen Praktiken, in die das Beinhaus in Naters noch immer integriert ist. Der obere Teil des Ossariums wird als Aufbahrungskapelle verwendet: «Das heisst – hier werden die Toten spätestens am Vorabend der Beerdigungsmesse aufgebahrt, die Familie versammelt sich um den Toten und die Pfarrei nimmt durch die Weihwasserspende, durch gemeinsames Gebet und Kondolenzbezeugungen vom Verstorbenen Abschied und schenkt der Trauerfamilie Trost und Zuversicht, dass sie den Schmerz nicht allein tragen müssen», erläutert Pfr. Brunner. Der untere

Beinhäuser können dem Trend zur Privatisierung von Trauer entgegenwirken.

Teil des Beinhauses dagegen «findet jeweils nur noch am Weihetag der Kapelle im Mai eine liturgische Verwendung: Dann ziehen die Messmitfeiernden nach der Eucharistie in einer Prozession durch die Gruft an den Vorfahren vorbei. Sie erinnern sich dabei an sie und wünschen ihnen die ewige Ruhe und das himmlische Licht.» Neue Gebeine werden heute nicht mehr in die Schädelreihen der Vorfahren integriert. Die Bestattung liegt gegenwärtig nämlich in der Verantwortung der politischen Gemeinden und nicht mehr der Pfarrei. Dennoch schliesst Pfr. Brunner nicht aus, dass die Idee einer Zweitbestattung wiederbelebt werden könnte: «Falls jemand möchte, dass zum Beispiel der noch erhaltene Schädel seines Grossvaters auch im Beinhaus bestattet wird, müsste man diese Frage klären – wobei von meiner Seite her sicherlich die Bereitschaft dazu da wäre. Denn das Beinhaus bietet einen würdigen Rahmen für die Aufbewahrung der Knochen, die nicht verwesen, anstatt sie nochmals in einem Grab beizusetzen.» Eine solche Zweitbestattung in einem Ossarium entspricht allerdings nicht einem heutigen Trend, wie Pfr. Brunner bedauert: «Dieser Brauch hat sich total verloren – nicht nur in Naters, sondern europaweit. Hinzu kommt, dass 90 % der Verstorbenen in der Pfarrei Naters mittlerweile kremiert werden. Die Verwendung des Beinhauses ist also eher jene einer Gedenkstätte für die 30'000 Verstorbenen aus der Zeit zwischen 1514 und 1890 und nicht ein Ort für die Bestattung der Verstorbenen der jüngeren oder aktuellen Zeit.» Dennoch wäre es falsch anzunehmen, dass das Beinhaus den Leuten in Naters nichts mehr bedeutet, im Gegenteil: «Das Beinhaus ist für die Gläubigen von Naters stets ein Ort der liebevollen und dankbaren Erinnerung an die Vorfahren geblieben. Das Gedenken an die Verstorbenen ist im Wallis noch stark in den Herzen und im Alltag der Menschen verankert. Die täglichen Besuche auf den Gräbern der Angehörigen nach dem Messbesuch auf dem Friedhof sind für die Menschen eine Selbstverständlichkeit – ein Trost und eine Hoffnung. Auch wenn hinter dem Gitter der Gruft Verstorbene liegen, die nicht mehr namentlich bekannt sind, so sind es doch allesamt Vorfahren. Irgendwo in der Wand schaut uns der Urgrossvater oder die Urgrossmutter an, sie, die uns das Leben ermöglicht haben. Sie sind nicht vergessen in ihrer Arbeit und ihren Mühen, ihrem Lieben und Leiden dafür, dass es uns heute so gut geht.»

Das Beinhaus ist ein Ort der dankbaren Erinnerung an die Vorfahren.

Angesprochen auf die Kerzen, die von der Bevölkerung vor dem Beinhausfenster aufgestellt werden, erklärt Pfr. Brunner: «Die Kerzen, die angezündet werden, sind Ausdruck der Dankbarkeit. Es heisst: Wer denkt – der dankt! Die Kerzen zeigen dies auf: Ohne unsere Vorfahren würde die Welt nicht so aussehen, wie sie heute aussieht. Die Kerzen sind Zeichen der Erinnerung an ihr Lebensvorbild und tragen gleichzeitig auch unser Gebet für sie sinnfällig vor Augen. Das Licht der Kerze symbolisiert das Ewige Licht, das wir den Verstorbenen wünschen und in dem wir uns dereinst wiedersehen werden. Das Gebet vor der Beinhausgruft ermöglicht es den Menschen, sich in einem grösseren Ganzen zu sehen – in einer Gemeinschaft. Es ist ein eindeutiges Statement gegen die Individualisierung unserer Zeit, in der allzu viele Zeitgenossen nur noch für sich selber schauen und ihre privaten Interessen an die oberste Stelle setzen – und sich dabei dann oft sehr allein und ungetragen fühlen. Vor der Beinhausgruft eine Kerze anzuzünden, ist Ausdruck dafür, dass wir nicht allein sind. Wir sind keine Individualisten, sondern Gemeinschaftsmenschen, die einander im Leben beistehen und auch jahrzehntelang nach dem Tod noch nicht vergessen haben – sondern im Herzen, in der Liebe und im Glauben verbunden sind. Wer glaubt, der ist nie allein! Und auch niemals vergessen!»

Abb. 3: Grabkerzen und Rosenkränze weisen darauf hin, dass das Beinhaus noch immer in die religiöse Praxis der natischer Bevölkerung integriert ist.

Pfarrer Brunner versteht das untere Beinhaus mit den Gebeinen der Vorfahren als ein starkes Zeichen für den Glauben: «Für mich persönlich ist das Beinhaus ein Ort der Erinnerung und des Gebetes. Wenn ich in die Gruft hinabsteige, dann stehe ich mit Ehrfurcht vor den Gebeinen unserer Vorfahren, die mir allesamt Brüder und Schwestern im Glauben sind. Dort spüre ich jedes Mal, dass unser christlicher Glaube nicht von uns selbst erfunden worden ist, sondern seit Generationen in unserer Region Halt und Stütze, Freude und Kraft in allen Lebenssituationen geschenkt hat. Ich fühle mich umgeben von einer ungeheuren Schar von Glaubensgeschwistern, die vor mir gelebt, gehofft, gelitten, geliebt und geglaubt haben. Sie haben uns den Glauben weitergeschenkt, der noch immer in uns wach ist. Sie laden mich ganz persönlich ein, dasselbe zu tun: den Glauben als Kraftquelle zu erleben, ihn den Mitmenschen näherzubringen und an die kommenden Generationen weiterzureichen.»

Durch diese Verbindung mit den früheren Generationen empfindet Pfr. Brunner die imposante Schädelwand auch nicht als makaber, sondern im

Gegenteil als ein kraftvolles Zeichen der Hoffnung: «Das Hinabsteigen in die Gruft löst bei mir keineswegs Gänsehaut aus, sondern auf eine gewisse Weise Geborgenheit. Ich bin nicht allein, glaube nicht allein – sondern vor mir hat es Menschen gegeben, die im Glauben gefestigt das Leben gemeistert haben und mich so ermuntern dasselbe zu tun. Gleichzeitig wird mir auch meine eigene Sterblichkeit bewusst. Ich laufe nicht ewig auf dieser Erde herum und darf so ermutigt von den Vorfahren, den heutigen Tag zu meistern versuchen und mein Bestes geben: nicht auf morgen verschieben, sondern heute den Glauben in die Tat umsetzen – solange ich es kann und

Abb. 4: Die Schädel im Beinhaus von Naters sind stumme Zeugen des Glaubens.

Gott mir das Leben täglich neu schenkt.» Hinzu kommt wiederum die Idee einer Auferstehung der Gläubigen, bei der die Totenköpfe, die jetzt ein stummes Gegenüber bilden, zu aktiven Kommunikationspartnern werden: «Vor allem aber ist mir auch stets bewusst, dass ich jene Menschen, von denen ich dort nur Schädel sehe, einst bei meiner Auferstehung von Angesicht zu Angesicht schauen darf und in ihrer Gemeinschaft Gott loben und preisen kann im himmlischen Licht. Da werden sie für mich nicht mehr Unbekannte sein, sondern mit ihnen zusammen – als grosse Familie – darf ich Gott in der Himmelswohnung preisen und mit ihnen auch diskutieren, wie sie gelebt haben. Ich kann ihnen dann danken für das stumme Zeugnis des Glaubens und die Ermunterung, mein Leben anzupacken.»

Da Beinhäuser auch heute noch wichtige Zeugnisse für einen gelebten Glauben darstellen können, steht Pfarrer Brunner einer touristischen Vermarktung der Ossarien skeptisch gegenüber: «Beinhäuser sind Orte der Erinnerung und des Gebetes, darum bin ich gegen eine touristische Vermarktung. Mit Glaubensüberzeugungen soll nicht hausiert werden, denn sie betreffen das Innerste eines Menschen und dürfen in meinen Augen nicht missbraucht werden, um Leute anzulocken oder irgendwie Geld damit zu machen.» Weil Beinhäuser eine Verbindung zu den Vorfahren darstellen und für eine Jenseitshoffnung stehen, sollten sie gemäss Pfr. Brunner besonders gut gepflegt werden. Er empfindet Ossarien, in denen sich Gebeine mit Dreck und Alltagsgegenständen vermischen, als pietätslos: «Es ist eine unwürdige Art, mit den sterblichen Überresten unserer Vorfahren umzugehen. Meiner Meinung nach sollten die Gebeine eingesammelt und in einer kleinen liturgischen Feier in einem Grab auf dem eigentlichen Friedhof beigesetzt werden, statt unter Gerümpel herumzuliegen.»

Abb. 5: Ein unaufgeräumtes Beinhaus.

Pfarrer Brunner ist aufgrund des sich veränderten Umgangs mit dem Tod zwar nicht der Meinung, dass in Zukunft neue Beinhäuser angelegt werden sollen, es ist ihm jedoch wichtig, dass die bestehenden Ossarien gepflegt und einer zukünftigen Generation zugänglich gemacht werden: «Mit Sicherheit wird das Beinhaus von Naters auch weiterhin als Ort des Gebets und der Besinnung dienen – mit diesem Bestand an Gebeinen, die alle älter als 100 Jahre sind. Die Einführung neuer Beinhäusern an Orten, an denen sie vor Jahrzehnten aufgehoben worden waren, erachte ich als problematisch. Der Umgang mit den sterblichen Überresten der Verstorbenen sowie die ganze Trauerarbeit in den vergangenen Jahrzehnten haben sich stark verändert. Da immer häufiger Kremationen durchgeführt würden, gäbe es dann beinahe eine Zweiklassengesellschaft: Einige Vorfahren würden nach der Grabesruhe im Beinhaus zur Ruhe gebettet, die Urnen aber in die hierfür vorgesehenen Gemeinschaftsgräber verlegt. Dies wäre pastoral nicht klug. Wo aber Beinhäuser erhalten sind und saniert und erneuert wurden, sollten diese in der jetzigen Form beibehalten werden – als Mahnung an uns, dass wir das täglich neu geschenkte Leben nicht verplempern, sondern mit Mut anpacken; dass dieses Leben nicht das Einzige ist, das zählt, sondern dass es das ewige Leben als Zukunftshoffnung gibt. Wie es im Beinhaus heisst: Was ihr seid / das waren wir / Was wir sind / das werdet ihr!»

Abb. 6: Die schöne Kreuzigungsgruppe im Beinhaus von Naters mit dem sinnhaften *memento mori*-Spruch.

Wie diese Ausführungen zeigen, sind Beinhäuser auch heute noch von theologischer Bedeutung und können für eine römisch-katholische Praxis genutzt werden. Sie verbinden die Erinnerung an die Vorfahren mit dem hoffnungsvollen Glauben an eine Zukunft in einer jenseitigen Gemeinschaft. Gleichzeitig dienen sie auch in gegenwärtiger Zeit noch immer als *memento mori*-Symbole, die den Tod präsent machen und eine Mahnung für ein erfülltes Leben darstellen.

Wir danken Pfr. Jean-Pierre Brunner ganz herzlich für die Bereitschaft zu diesem Gespräch.

ANMERKUNG

1 Einen ähnlichen schwarzen Kindersarg fanden wir auch in Reckingen auf dem Estrich der Kirche. Auch hier handelt es sich um ein ursprünglich im Beinhaus präsentiertes *memento mori*-Symbol.

Kunigunda
Luzern
1665

Jos. Anton
von Stans.

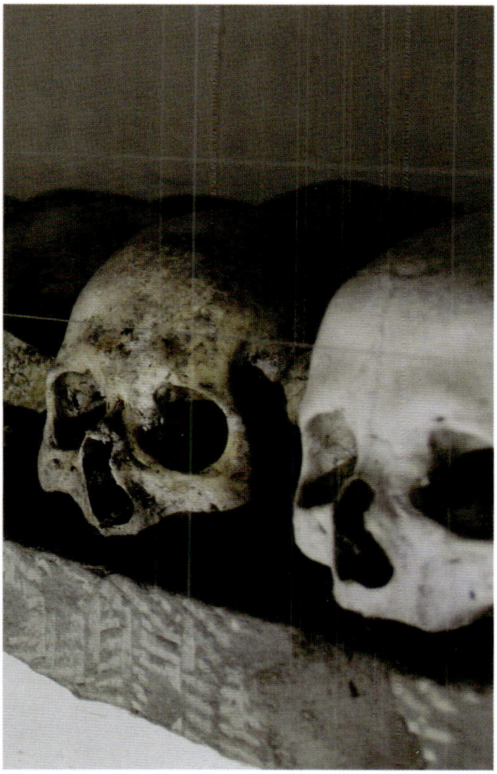

BEINHÄUSER *IN DER INNERSCHWEIZ*

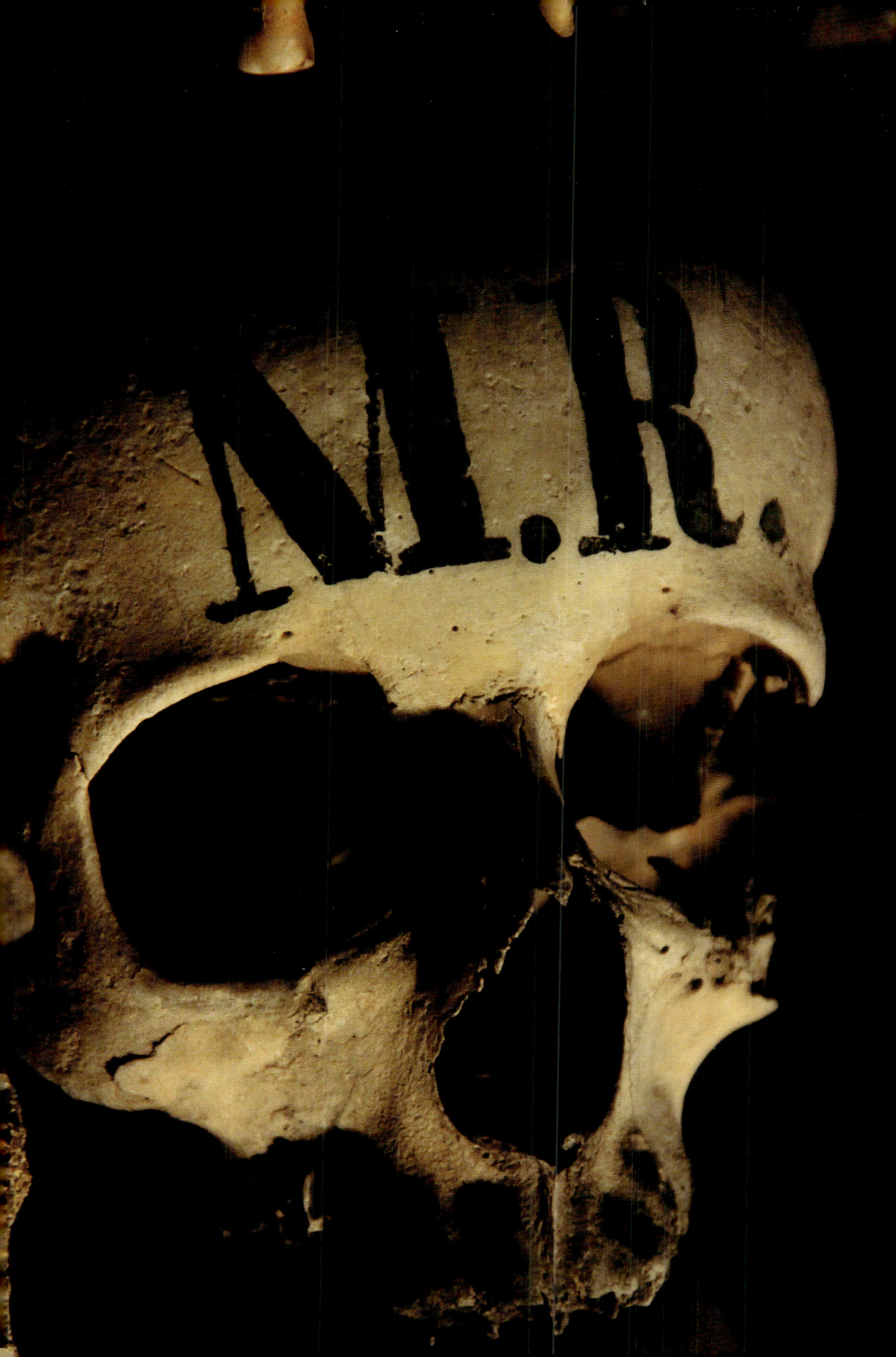
N.R.

Bürglen: *Aufbahrungsraum für die Mittellosen*

Katholische Pfarrkirche St. Peter und Paul (UR)

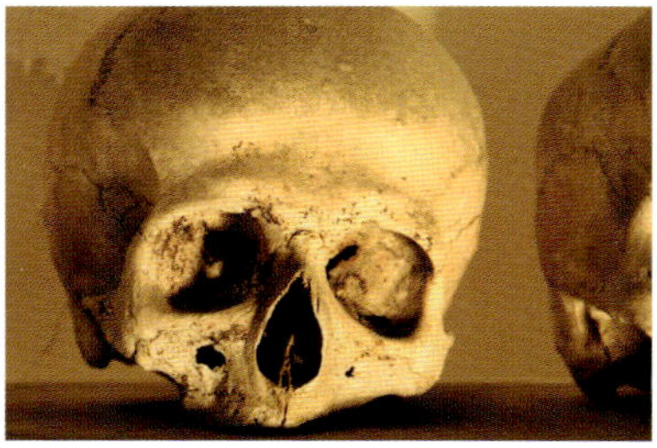

Die heutige Kirche von Bürglen wurde in den Jahren 1682–1684 erbaut und 1693 durch Johann Jacob Scolar um zwei kleine Kapellen ergänzt.[1] Die eine davon wird als Beinhaus genutzt, die andere dient aufgrund eines spätgotischen Ölbergreliefs als Ölbergkapelle. Heute beherbergt das Beinhaus 38 Schädel, die in zweimal drei Tablaren übereinander in der einen Ecke des Raumes eingelassen sind. Bis zur Errichtung der modernen Aufbahrungskapelle war es üblich, dass Verstorbene daheim aufgebahrt wurden. Die armen Leute aus dem sogenannten Bürgerheim (Armenhaus) wurden dagegen im Beinhaus aufgebahrt. Gegenwärtig wird das Beinhaus nicht mehr in diesem Sinne religiös genutzt.

Das Ossarium ist geschlossen, jedoch durch ein Fenster einsehbar.

Eschenbach: *Bemalte Kostbarkeiten hinter Klostermauern*

Zisterzienserinnenabtei Eschenbach (LU)

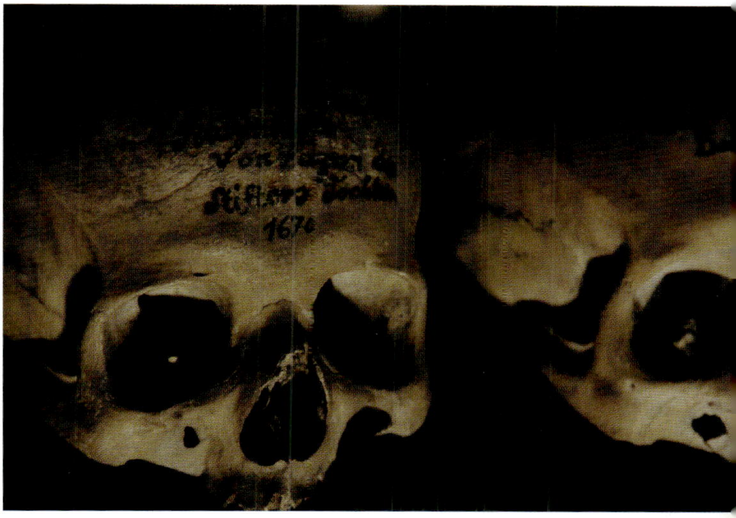

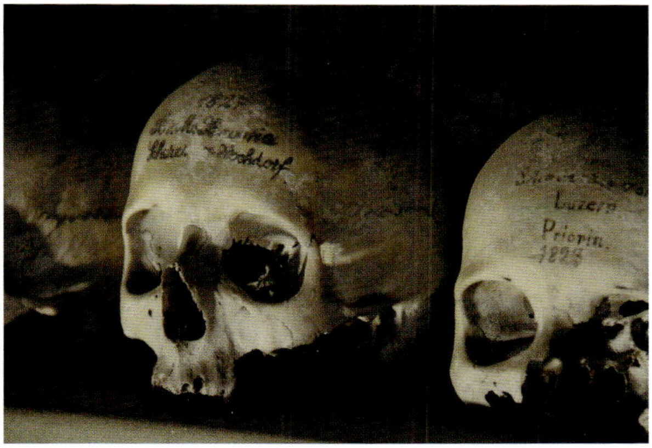

45 Schädel sind in einer Nische auf drei übereinander liegenden Gestellen angeordnet. Sie sind alle sorgfältig mit Namen, Herkunft und dem Todesdatum der betreffenden Verstorbenen beschriftet. Die ältesten tragen Daten aus dem 17., andere aus dem 18., 19. und sogar 20. Jahrhundert.[2] Sie sind als Äbtissinnen, Priorinnen oder als Schwestern gekennzeichnet. Diese bemerkenswerte Sammlung von Schädeln, die nicht öffentlich einsehbar ist, ist im 1625/1626 erbauten Kreuzgang der Zisterzienserinnenabtei Eschenbach zu finden.[3] Neben den Grabplatten der verstorbenen Schwestern angeordnet, bilden diese Gebeine eine Erinnerung an die ehemaligen Ordensfrauen des Klosters. Sie sind die am ausführlichsten beschrifteten Gebeine der Schweiz und ermöglichen eine klare Identifikation der Verstorbenen.

Die Beinnische ist noch heute in den klösterlichen Alltag integriert. Die Schädel werden regelmässig entstaubt und gewaschen; an wichtigen Totenfeiertagen werden Kerzen vor ihnen aufgestellt.

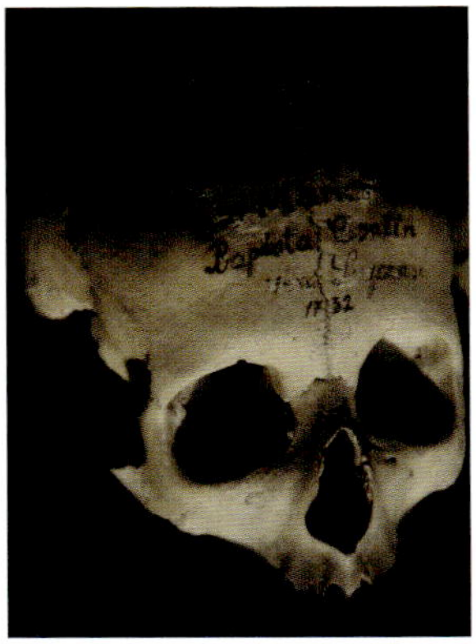

Das Kloster Eschenbach wurde im Jahr 1285 durch Walter III., den damaligen Freiherrn von Eschenbach, gestiftet. Zunächst in Inwil (damals Niedereschenbach) angesiedelt, wurde das Kloster 1309 nach Obereschenbach übersiedelt und schloss sich 1588 dem Orden der Zisterzienser an. 1625 begann der Bau an einer neuen Klosterkirche und des Kapitelhauses, der Klosterzellen und des Kreuzgangs, wo die Schädel der verstorbenen Schwestern heute aufgestellt sind. Die jetzige Klosterkirche wurde 1910 in einem neubarocken Stil erbaut.

Auch das ehemalige Beinhaus der Gemeinde befindet sich neben dem Kloster in der Nähe der Kirche. Es ist durch ein über der Tür angebrachtes Glasfenster mit Totenkopf erkennbar.

Kirchbühl bei Sempach: *Der Zeit enthoben*

Katholische Kirche St. Martin (LU)

Unser persönlicher Favorit unter den Innerschweizer Kirchenanlagen mit Beinhaus ist Kirchbühl bei Sempach. Scheinbar der heutigen Welt enthoben, präsentieren sich die Kirche, der alte Friedhof und das Beinhaus den Besuchenden. Die dem heiligen Martin geweihte Kirche steht auf einem römischen Gutshof und stammt in ihrem Kern aus frühromanischer Zeit.[4] In spätromanischer Zeit (12.–13. Jahrhundert) wurde das Kirchenschiff verlängert und mit einem Turm ergänzt. Im schlichten Innern der Kirche faszinieren die gut erhaltenen Wandmalereien aus unterschiedlichen Zeiten, die frühesten davon stammen aus der Zeit um 1300/1310, sowie verschiedene Altäre aus dem 16. Jahrhundert. Aufgrund der Abnahme ihrer Bedeutung seit dem 17. Jahrhundert wurde die Kirchenanlage nicht wie die meisten anderen Innerschweizer Kirchen im barocken Stil umgebaut, sondern hat eine ältere, heute in der Innerschweiz in dieser Form einmalige Bau- und Ausstattungsform beibehalten.

Das sich an der südlichen Kirchhofmauer befindliche, freistehende Beinhaus wurde 1575 geweiht. Es ist eingeschossig, nahezu quadratisch (mit einer Seitenlänge von ca. 7,5 Metern) und wird von einem hohen Satteldach gekrönt. Im Innenraum erkennt man einige Wandmalereien, etwa ein Fresko mit der Darstellung Christi im Garten Gethsemane. An der Südwand des Beinhauses befindet sich eine steinerne Totenleuchte mit dem Jahresdatum 1727. Sie ist 1,8 Meter hoch. Neben diesen Kostbarkeiten fallen die in die Wand eingemauerten, gelb gesäumten Schädel auf. Wir zählen sieben Stück. Sie liegen über gekreuzten Oberschenkelknochen und werden von *memento mori*-Sprüchen begleitet.

Das Beinhaus ist öffentlich zugänglich.

Oberiberg: *Der Ritter und der silberne Fünfräppler*

Friedhofskapelle der katholischen Pfarrkirche St. Johann (SZ)

Die Friedhofskapelle in Oberiberg besteht aus dem Chor der ehemaligen und zu klein gewordenen Kirche von Iberg. Sie stammt aus dem 15. Jahrhundert und ist der Mutter Gottes geweiht. Neben der damaligen Kirche befand sich auch ein Beinhaus, das jedoch beim Neubau der Kirche St. Johann (1872–1876) abgerissen wurde.[5] Im Sakramentshäuschen der Friedhofskapelle befinden sich jedoch der Schädel und zwei Knochen des 1545 verstorbenen Ritters Josef Amberg.

Josef Amberg war ein bedeutender Landammann von Schwyz und hatte sich 1544 nach Iberg auf das Heimwesen Guggern zurückgezogen. Sein Grabkreuz wird heute im Stiftsarchiv Einsiedeln aufbewahrt.

Josef Ambergs Gebeine in Oberiberg werden hinter einem massiven Gitter präsentiert. Freundlicherweise haben wir die Erlaubnis erhalten, dieses Gitter zum Fotografieren zu öffnen. Als Pater Paul Peng für uns das Gitter aufschraubt, bröckeln Teile des Verputzes ab. Der Schädel ist auf die Betrachtenden ausgerichtet, die Beinknochen sind hinter ihm gekreuzt. Beim vorsichtigen Abwischen des Staubs vor dem Schädel findet Pater Peng einen silbernen Fünfräppler und einen alten zusammengerollten Gebetszettel. Beide zeugen davon, dass die Gebeine Josef Ambergs bisher vor neugierigen Fotografen und Forscherinnen sicher waren und zumindest früher noch in die religiöse Praxis der Bevölkerung integriert waren.

Die Kapelle ist während der Öffnungszeiten der Kirche frei einsehbar.

Rickenbach: *Zwischen den Welten*

Katholische Pfarrkirche St. Margaretha (LU)

Die der Heiligen Margaretha geweihte Pfarrkirche von Rickenbach überrascht mit einer modernen Architektur. Sie wurde 1958 vom Architekten Fritz Metzger gebaut. Kann es sein, dass neben dieser modernen Kirche noch ein Beinhaus mit ausgestellten Gebeinen existiert? Tatsächlich: Neben der Kirche finden wir das Ossarium aus dem 17. Jahrhundert. Ein älteres Beinhaus wurde vermutlich 1676 abgerissen oder zumindest erneuert. Im 20. Jahrhundert fand die Umgestaltung des Beinhauses in eine Aufbahrungskapelle statt. Die Gebeine darin wurden bis auf einige wenige bestattet. Diese noch erhaltenen Knochen, v. a. Schädel und Beinknochen, sind an der Rückwand in einer vergitterten Nische zu finden.

Das Ossarium bildete früher ein Torhaus zur Kirche und diente als Durchgang, bei dem die Kirchgänger und Kirchgängerinnen an den Gebeinen vorbeigeführt wurden. Auf beiden Türen sind deshalb noch heute *memento mori*-Symbole und Sprüche zu finden, beide rufen auch dazu auf, zu den Armenseelen zu beten. Auf der einen ist zu lesen: «Geh nicht vorbi, bitt Gott für sie! Bist du ein Christ, betracht die Bein, lies ab die Schrift, u. tritt hinein, du stolzer Leib, thu dich ergeben, all Sünden meid, gehst bald zur Erden.»

Auf der anderen steht geschrieben: «Heut an mir, morgens an dir. Gehst du hinein zum Trost der Seelen / Dein Herz richt ein zu Gott dem Herren / Die Beine Christ! sind jetzt verwesen / Gleich wie du bist, sind sie gewesen.»

Das Beinhaus kann während der Öffnungszeiten der Kirche besichtigt werden.

Schwyz: *Der Kerchel im Herzen der Schweiz*

Kapelle St. Michael (SZ)

Das Beinhaus von Schwyz oberhalb der Pfarrkirche St. Martin präsentiert sich als zweigeschossiges Gebäude. Im Obergeschoss befindet sich die Kapelle St. Michael, unten das eigentliche Beinhaus, in dem früher die Knochen gelagert wurden.

In Schwyz wird das Beinhaus auch «Kerchel» genannt.

Das heutige Gebäude wurde «hauptsächlich vor und im Jahre 1518» erbaut, wobei man bei Ausgrabungen in den Jahren 1923–1926 auf ältere Fundamente gestossen ist.[6] In der rechten Ecke beim Eingang entdeckten die Archäologen und Archäologinnen zudem ein Grab mit einem Skelett. All dies lässt darauf schliessen, dass hier bereits früher ein Gebäude, möglicherweise sogar ein Beinhaus, stand. Bei einem grossen Brand in Schwyz im Jahr 1642 blieb das Beinhaus zwar vom Schlimmsten verschont, nahm aber dennoch Schaden. 1730 übermalte man die Deckengemälde im unteren Teil. Um diese Zeit wurde auch die südöstliche Türe dieses Untergeschosses zugemauert. 1876/1877 war eine Korrektur des Strassenverlaufs geplant, weswegen das Gebäude niedergerissen werden sollte. Dies konnte zwar verhindert werden, aber der Aufstieg zur oberen Kapelle wurde dabei verändert. 1923–1926 erfolgte eine umfassende Renovation. Dabei wurde nach dem Vorbild von Stans in der zugemauerten Türnische eine neue Totenlampe installiert. 1975/1976 und 2013 fanden schliesslich weitere Restaurationen statt.

Das Erdgeschoss des Ossariums weist heute noch ein schönes und zum Teil bemaltes (man erkennt die Symbole der vier Evangelisten) Gewölbe auf, das auf Säulen ruht. Von innen kommen die farbigen Glasfenster, die 1926 vom Basler Lothar Albrecht geschaffen wurden, besonders gut zur Geltung. Sie zeigen verschiedene Totentanzszenen. Von den ursprünglich ausgestellten Gebeinen sind nur noch drei Schädel, die in der zugemauerten Türnische über der Totenleuchte zu finden sind, erhalten geblieben.

Das untere Beinhaus wird seit 1977 als Aufbahrungskapelle verwendet und ist während der Öffnungszeiten der Kirche zugänglich.

Sempach: *Viele Eidgenossen und eine Pietà*

Schlachtkapelle (LU)

Die Sempacher Schlachtkapelle, die Jakobus dem Älteren geweiht ist, wurde 1472/1473 in Erinnerung an die Schlacht bei Sempach im Jahr 1386 gegen die Habsburger errichtet.[7] Sie ist heute wegen ihrer traumhaften Lage und der bewundernswürdigen Wandmalereien bei Touristen und Touristinnen sowie bei Hochzeitspaaren beliebt. Direkt neben der Schlachtkapelle befindet sich ein kleines Beinhaus mit einem heute vergitterten Schlüssellochfenster. Es wurde 1594 erbaut und beinhaltet gemäss der Überlieferung Knochen der in der Schlacht bei Sempach Gefallenen. Solche Knochen sollen immer wieder auf dem ehemaligen Schlachtfeld gefunden worden sein, wird erzählt. Zunächst seien diese jeweils ins Ossarium nach Kirchbühl gebracht worden, bis Ende des 16. Jahrhunderts dieses Beinhäuschen auf dem ehemaligen Schlachtfeld erbaut worden sei. Die Gebeine wurden überführt, wobei sich die Knochen der Schlacht und die aus normalen Gräbern aus Kirchbühl mischten, weshalb sich hier auch Knochen, die nicht von 1386 stammen, finden lassen.

Heute liegen im Beinhaus bei der Schlachtkapelle vor allem Langknochen. Sie sind vor einer Pietà aus dem 16. Jahrhundert, die aus einem einzigen Stück Lindenholz gefertigt sein soll, aufgeschichtet.

Das Beinhaus ist jederzeit einsehbar.

Stans: *Im Schein der Totenlichter*

Katholische Pfarrkirche St. Peter und Paul (NW)

Das zweigeschossige Beinhaus in Stans wurde im späten 15. Jahrhundert als eingeschossiges Gebäude errichtet und 1560 um ein Obergeschoss ergänzt.[8] Möglicherweise war ursprünglich die Decke zwischen unterem und oberem Beinhaus sogar teilweise offen, so dass die Gebeine bis ins Obergeschoss aufgeschichtet waren. Darauf verweist auch eine *memento mori*-Inschrift im oberen Beinhaus, die eine Aufhebung der Standesunterschiede im Tod verspricht: «Gott richt nach dem rachten / hie ligend die herren by den knachten.» Das heutige Aussehen verdankt das Gebäude verschiedenen Umbau- und Erneuerungsphasen im 18. und 19. Jahrhundert. Im Zuge einer Renovation im Jahr 1867 wurden die Gebeine im Obergeschoss entfernt.

Im hinteren Teil des Ossariums befinden sich auch zwei Leuchterhäuschen mit den Jahreszahlen 1543 und 1560.

1911 erfolgte die Wiederbestattung eines grossen Teils der Knochen. Robert Durrer schreibt etwas entrüstet, dass er die Erlaubnis, diese Knochen wissenschaftlich zu untersuchen, schon fast in der Tasche hatte, als sie bei einer Nacht-und-Nebel-Aktion vom 25. auf den 26. Oktober 1911 mit Billigung des Bischofs von Chur ausgeräumt und begraben wurden.[9] 1922 erfolgte das Aufstellen der übrig gebliebenen Schädel an der Rückwand des Gebäudes. Sie bilden dort heute eine Schädelwand. 1987 wurde ein hölzernes Gitter montiert, das die Schädelwand vom restlichen Raum abtrennt.

Vor den Gebeinen steht heute eine lebensgrosse Holzfigur des kreuztragenden Christus, die gemäss der Überlieferung vom Bildhauer Jost Zumbühl (1784–1826) aus Wolfenschiessen geschnitzt worden sein soll. Vom 17. bis ins 20. Jahrhundert wurde das Beinhaus in Stans ausserdem als Begräbnisstätte für Geistliche genutzt, wovon heute noch zwei schmiedeiserne Grabkreuze zeugen.

Einige der Schädel in Stans sind mit Namen oder Initialen der Verstorbenen bemalt.

Auffallend ist die farbliche Varietät der Schädel, die gemäss der Aussage von Pfr. D. Blunschi möglicherweise vom jeweils benutzten Sargholz herrühre (das teurere Eichenholz färbt die Gebeine dunkel) und somit eventuell etwas über den Stand und den Reichtum der betreffenden Person aussagen könne. Auch in Stans gibt es, wie in Naters, die Geschichte eines entwendeten Schädels. Dieser wurde Jahre später, in einer Kiste verpackt, anonym zurückgebracht.

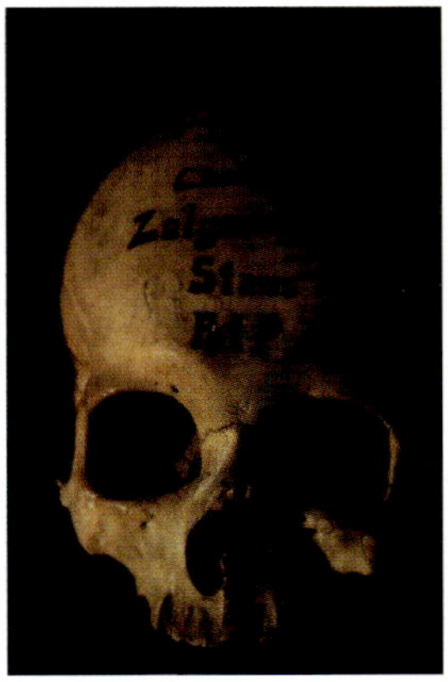

Während das obere Beinhaus noch religiös genutzt wird, dient der untere Teil als musealer Raum und als Konzertsaal. Nicht ganz leicht zu finden, ist ein einzelner Schädel, der sich unter einer grossen *ars moriendi*-Malerei aus dem 16. Jahrhundert und über einem Weihwasserbecken in einer Nische aussen am Beinhaus befindet. Er ist in eine an die Franzosenkriege, vor allem die sogenannten «Schreckenstage von Nidwalden» (7.–9.9.1798), erinnernde, klassizistische Gedenktafel aus dem Jahr 1807 eingepasst.

Der untere Teil des Ossariums ist während der Öffnungszeiten der Kirche öffentlich zugänglich.

Steinen: *Für die Verstorbenen*

Katholische Pfarrkirche St. Jakob (SZ)

Neben der 1318 geweihten, auf romanischen Fundamenten erbauten Kirche St. Jakob befindet sich ein spätgotisches Beinhaus, das durch ein steiles Satteldach besticht.[10] Dieses Beinhaus, das in alten Urkunden als «Kerker»[11] bezeichnet wird, wurde 1509 vom Bischof von Konstanz den Vierzehn Nothelfern geweiht. Es weist zwei der für Beinhäuser typischen vergitterten Schlüssellocheingänge auf und ist mit einem nicht zugänglichen Dachgeschoss ausgestattet. Im Inneren faszinieren die auffallende Holzdecke mit bemalter Flachschnitzerei sowie die Wandmalereien in *al secco*-Technik, die unter anderem eine Szene des Jüngsten Gerichts zeigen. An der Decke sind die Vierzehn Nothelfer zu sehen und genannt sowie zwei Sprüche zu lesen, die dazu aufrufen, für die Armenseelen zu beten.[12] Im hinteren Teil des Beinhauses befindet sich ein Flügelaltar aus dem frühen 16. Jahrhundert.

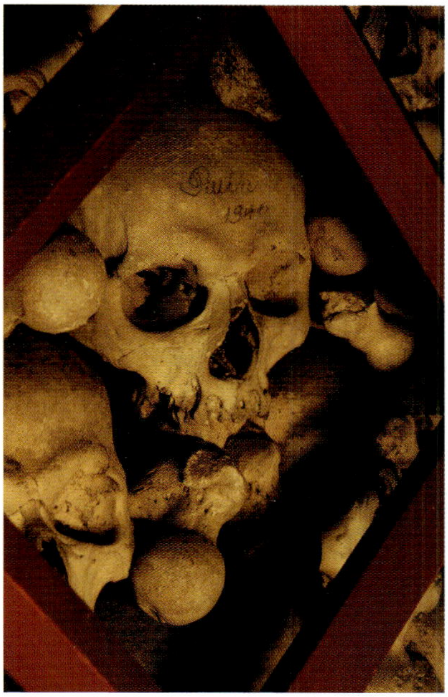

Die ganze fensterlose Längswand wird von einer beachtlichen Schädelwand ausgefüllt. Die früher ungeschützt aufgeschichteten Knochen werden heute durch ein rotes Holzgitter zusammengehalten und befinden sich hinter einer Kreuzigungsgruppe mit Christus, Maria und Johannes (1677).

Während einer Restauration im Jahr 1897 wurden die Gebeine neu sortiert. Dabei wurden etwa zwei Drittel der vorhandenen Knochen wegen ihres schlechten Zustandes aussortiert und zwischen dem Beinhaus und der Sakristei der Kirche bestattet. Die restlichen Gebeine wurden an der ursprünglichen Stelle wieder zu einer Schädelwand aufgeschichtet. Bei diesem Sortieren fand man zwischen den Gebeinen vier Holzfiguren, die – wie in Leuk und Naters – nicht mehr gebraucht und deshalb im Beinhaus zwischen den Knochen «bestattet» worden waren. Heute wird das Beinhaus als Aufbahrungskapelle verwendet, wie der bei unserem Besuch zugedeckte Katafalk zeigt. Bemerkenswert ist der sich neben dem Katafalk befindliche Briefkasten für «Leidkarten».

Das Beinhaus ist zwar frei einsehbar, aber nicht durchgängig offen. Es ist empfehlenswert, sich vorgängig über die Öffnungszeiten zu informieren.

Ufenau: *Requiescant in Pace Christi*

Ehemalige Pfarrkirche St. Peter und Paul (SZ)

Die Ufenau ist eine der geschichtsträchtigsten und bekanntesten Inseln der Schweiz. Sie war schon in römischer Zeit besiedelt und befindet sich seit 965 im Besitz des Klosters Einsiedeln.[13] Im Beinhaus, das sich unter der Sakristei der 1141 geweihten ehemaligen Pfarrkirche St. Peter und Paul befindet, sind heute noch sieben Schädel und einige Beinknochen ausgestellt. Die Sakristei und damit auch das Beinhaus wurden im späten 13. oder frühen 14. Jahrhundert auf der Nordseite an die Pfarrkirche angebaut.[14]

Bis ins 17. Jahrhundert befand sich auch ein Friedhof auf der Insel.

Bereits im 19. Jahrhundert wurden die meisten der im Beinhaus präsentierten Knochen (wieder)bestattet. Heute sind die noch vorhandenen Schädel auf einer Doppeltreppe angeordnet, unter der die Oberschenkelknochen liegen. Über den Schädeln befindet sich ein Kreuz sowie die Inschrift «Ossa sepultorum in coemet[15]-ufnaug / in pace Christi requiescant» (Die Gebeine der auf dem Friedhof Ufenau Bestatteten / mögen im Frieden Christi ruhen).

Die Herkunft der Gebeine ist unklar. So schreibt Ferdinand Keller 1844 über das zu seiner Zeit bereits geräumte Ossarium: «Das Beinhaus war im Anfange dieses Jahrhunderts noch ganz mit Gebeinen angefüllt und enthielt merkwürdiger Weise eine grosse Menge zerhackter Schädel und Knochen, die offenbar von erschlagenen Kriegern herrührten. Nach Versicherung der Anwohner des Sees soll ein Theil der in der Schlacht bei Näfels gefallenen Feinde der Glarner hier bestattet worden sein. Die Chroniken melden, dass ein Theil derselben […] nach Rüti abgeführt worden seien; der Ufenau erwähnen sie nicht. Vielleicht lagern hier Körper von Solchen, die im alten Zürichkrieg umkamen.»[16] Wahrscheinlicher ist, dass zumindest die heute noch sichtbaren ganzen Schädel, wie auch sonst üblich, aus ausgehobenen Gräbern stammen.[17]

Das Beinhaus ist durch ein Gitter einsehbar; von aussen kann das Licht im Inneren eingeschaltet werden.

Wolfenschiessen: *Aus Rücksicht auf die Kurgäste*

Katholische Pfarrkirche Maria Geburt (NW)

Das am Südende des Friedhofs befindliche Beinhaus von Wolfenschiessen, das heute als Aufbahrungskapelle verwendet wird, stammt aus dem Jahr 1693. Wie beispielsweise auch die Ossarien in Wolhusen oder Rickenbach weist es zwei seitliche Portale auf. Durch dieses so gebildete offene Torhaus führte der offizielle Weg zur Kirche. Die Kirchgänger und Kirchgängerinnen passierten dabei die ausgestellten Schädel, was die *memento mori*-Funktion des Beinhauses betonte.

Im späten 19. und beginnenden 20. Jahrhundert schienen die ausgestellten Gebeine vor allem nicht ortsansässige Personen zu irritieren. So berichtet Durrer Anfang des 20. Jahrhunderts, dass die in Wolfenschiessen zu findende Schädelwand an der Rückseite der Kapelle «aus Rücksicht auf die Sentimentalitäten der Kurgäste durch einen Bretterschlag maskiert worden» sei.[18] Diese Schädelwände sind heute ganz verschwunden. Aber an der Rückwand des Beinhauses befinden sich links und rechts eines grossen Kruzifixes gegenwärtig noch zwei Nischen mit Schädeln. Einer dieser Schädel ist angeschrieben; er stammt von einer Person der ortsansässigen Familie Christen, ebenso deuten vier eiserne Grabkreuze, die von sieben Generationen der Christens zeugen, auf die Bedeutung dieser Familie hin. Im Beinhaus finden sich ausserdem eine Statue der Anna Selbdritt und Figuren des Bruders Klaus sowie des Bruders Konrad Scheuber

Das Beinhaus wird heute als Aufbahrungskapelle verwendet und ist während der Öffnungszeiten der Kirche zugänglich.

Wolhusen: *Die Toten rufen zum Tanz*

Katholische Pfarrkirche St. Andreas (LU)

Das Beinhaus in Wolhusen steht an der Westseite des Friedhofs neben der Kirche St. Andreas. Es wurde 1661 von Baumeister Johann Winter erbaut und 1662 geweiht. Zur selben Zeit stattete es ein unbekannter Maler mit einem Totentanz aus.[19] Vom Wucherer bis zum Papst werden verschiedene gesellschaftliche Stände von leichenartigen Figuren zum Tanz aufgefordert. Das Besondere dieser Wandmalerei ist, dass die Köpfe der tanzenden Todesfiguren aus eingemauerten (echten) Schädeln bestehen, die passend zu der Ausrichtung der gemalten Körper eingemauert wurden. Nur zwei kleine Rundfenster, die von musizierenden Gerippen umwölbt sind, spenden Licht. Über dem Chorbogen befindet sich ein gemaltes Weltgericht. Auch aussen an und über den Türen zum Beinhaus sind Schädel eingemauert.

Im 18. Jahrhundert sollen sogar Knochengirlanden die Fenster des Beinhauses von Wolhusen geschmückt haben.

Bis ins 19. Jahrhundert waren unter dem Totentanz, der erst auf Kopfhöhe beginnt, mehrere Reihen von Gebeinen aufgestapelt. Der Weg zur Kirche führte zu dieser Zeit durch das Beinhaus, das den Menschen den Tod plakativ in Erinnerung rief. Diese aufgeschichteten Gebeine sind im 19. Jahrhundert entfernt worden. Heute noch sichtbar sind nur die eingemauerten Schädel.

Das Beinhaus ist während der Öffnungszeiten der Kirche zugänglich.

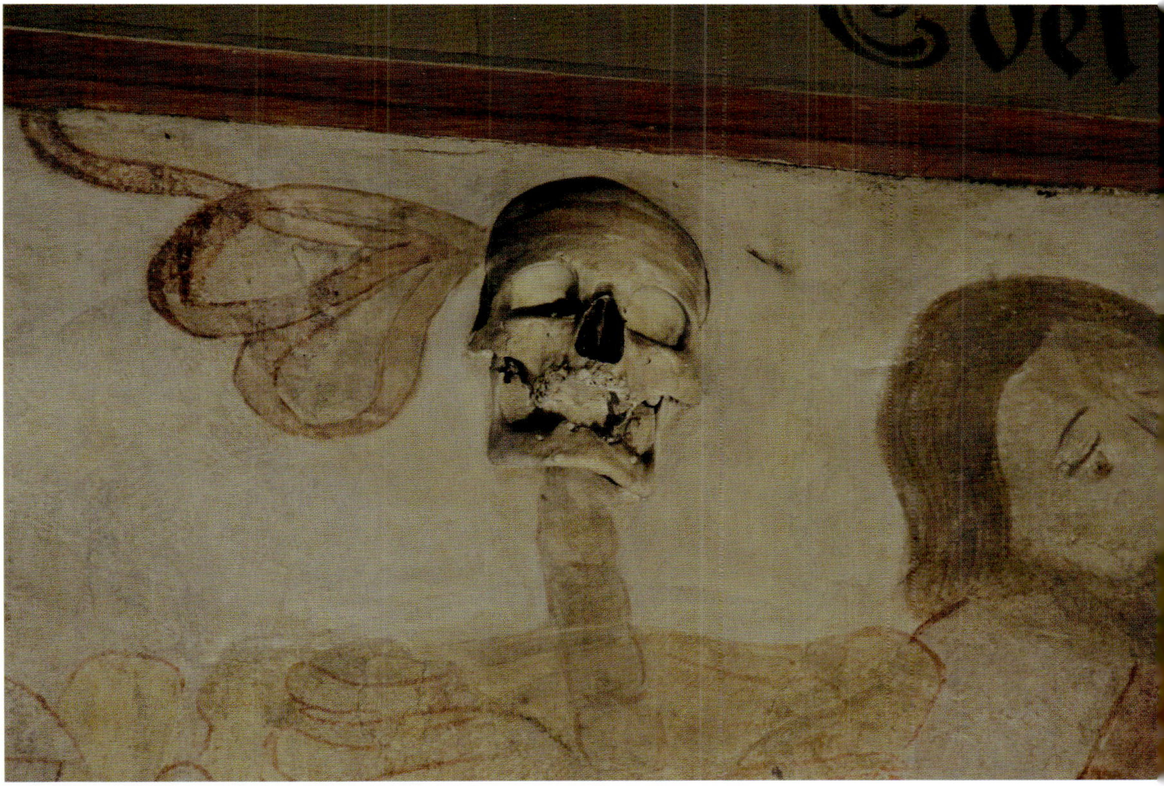

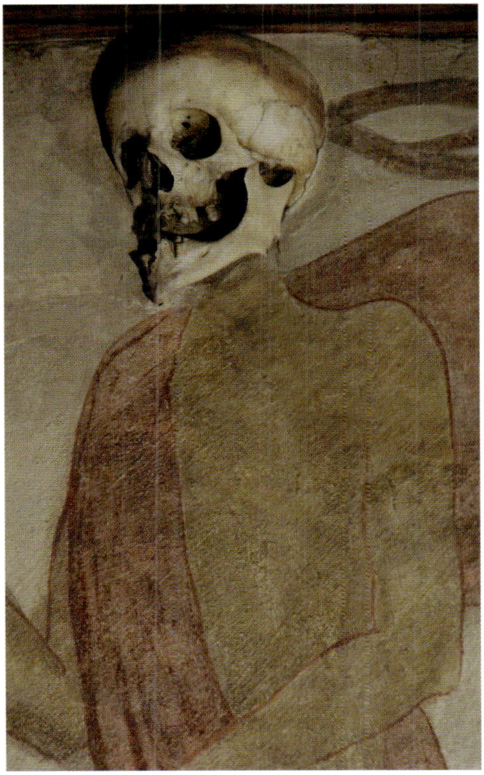

ANMERKUNGEN

1 Genaueres bei Pfarrei St. Peter u. Paul Bürglen o. J.

2 Ob diese ältesten Schädel tatsächlich bereits im 17. Jahrhundert oder nicht eher später bemalt wurden, bleibt unklar. Siehe dazu den Beitrag von Paul Koudounaris im vorliegenden Buch.

3 Siehe Reinle 1963, 54.

4 Genaueres zur Baugeschichte und Ausstattung bei Bergmann 1992; Reinle 1956, 385f.

5 Genaueres dazu bei Kälin 1984.

6 Meyer 1978, 190ff.

7 Zum Schlachtgedenken in Sempach und der Schlachtkapelle siehe: Hugener 2012; Reinle 1956, 401f; Steger/Fink 1999.

8 Genaueres zum Beinhaus von Stans bei Odermatt-Bürgi 1989, v.a. 28–34.

9 Durrer 1971, 817f., Fn. 4. Regula Odermatt-Bürgi bemerkte via E-Mail zu Recht, dass eine solch aufwändige Aktion sorgfältig geplant werden musste.

10 Genaueres zum Beinhaus in Steinen bei Blaser 1913.

11 Die Herkunft des Wortes ist nicht ganz geklärt. Es stammt möglicherweise von *carcer mortuorum*, vielleicht ist es verwandt mit Kerchel/Kirchlein, siehe Blaser 1913.

12 Die Sprüche an der Decke in Steinen lauten: «ACH ERBARN HERCZIG GOT NUN ERbAR DICH VbER ALLEN ELDEN TROSTLOSEN SELLEN» und «O DU ALMECHTIGER EWIGER GOT ICH bIT FVeR AL KRIST TROSTLOS GLOUBEN SELEN DAS TROCHT SI GOT TRULICH».

13 Genaueres zu den Kirchen auf der Ufenau: Henggeler 1936.

14 Siehe Wyrsch-Ineichen/Wyrsch-Ineichen 1990, 29.

15 Coemet als Kurzform zu coemeterium, Friedhof.

16 Keller 1844, 24, Fn. 4.

17 Siehe bereits Henggeler 1936, 107.

18 Durrer 1971, 1052.

19 Genaueres zum Beinhaus und dem Totentanz bei Marke/Niederberger/Odermatt-Bürgi 2008; Reinle 1956, 497–499.

BILDNACHWEISE

Eschenbach: Postkarte: Geschenk des Klosters.

Stans: Stich aus dem 19. Jahrhundert: Privatbesitz Anna-K. Höpflinger.

ZUM ABSCHIED EIN LETZTER TANZ

Bedeutungen des danse macabre-Motivs in Beinhäusern

Melanie Eyer

Betritt man das Beinhaus in Hasle im Entlebuch, Luzern, blicken einem von den Wänden «Tanzpaare» entgegen. Müller, Wirt und Schreiber, um nur einige zu nennen, werden vom Tod zum Tanz aufgefordert. Die verschiedenen Ständevertreter bilden mit je einem Skelett ein Tanzpaar. Die Bewegung, die sich hier zeigt, erscheint etwas steif, aber die Referenzen zum Motiv des sogenannten Totentanzes oder *danse macabre* sind dennoch klar ersichtlich.

Totentänze sind wiederkehrende visuelle Motive in Beinhäusern. Nicht nur in Hasle, sondern zum Beispiel auch im luzernischen Wolhusen, in den Beinhäusern in Schwyz, in Unterschächen (Uri) und Emmetten (Nidwalden) oder in Leuk im Wallis fordern Skelette verschiedene Stände und Personen zum letzten Tanz auf.[1] Da Darstellungen von Totentänzen in Beinhäusern auffallend häufig vorkommen, soll im Folgenden ein Blick auf dieses spezifische Motiv geworfen werden und der Geschichte dieser naheliegenden, aber dennoch aufschlussreichen Verbindung des *danse macabre*-Motivs mit Beinhäusern genauer nachgespürt werden. Dabei stehen die Totentänze im luzernischen Wolhusen und Hasle als Beispiele im Zentrum. Von ihnen ausgehend wird nach dem historischen Wandel der Deutung und Bedeutung von Totentanzdarstellungen in Ossarien gefragt.

Abb. 1: Der Tod bittet den Wirt, den Schreiber und den Müller zum Tanz, Beinhaus von Hasle, Luzern, Wandmalerei 1678.

Abb. 2 a und b: Kadaver fordern die geistlichen (a) und die weltlichen Stände (b) zum Tanz auf, Totentanzdarstellungen am Mittelpfeiler des Beinhauses in Leuk, Wallis, ca. 1530.

Der unausweichliche Tod

Die Darstellung des reigentanzenden und triumphierenden Todes in Beinhäusern setzte bereits während des Spätmittelalters ein, besondere Verbreitung erfuhr sie aber erst im 17. Jahrhundert in katholisch geprägten Gebieten. Die Beschäftigung mit dem Tod und dessen Darstellung gehört seit jeher zum menschlichen Sein und findet sich in der gesamten Menschheitsgeschichte wieder. Die konkrete Ausformung dieser Beschäftigung ist aber kultur- und zeitspezifisch. In der christlichen Welt äussert sie sich vor allem im Hinblick auf die Erinnerung an die eigene Sterblichkeit.

Abb. 3 a: Der Tod holt sich die eitle Dame, Symbol der Hoffart. Eine bildliche Ermahnung für ein korrektes Leben aus dem Beinhaus Unterschächen, Uri, Wandmalerei um 1710.

Abb. 3 b: Der *memento mori*-Spruch in Alvaschein im ehemaligen Kloster Mistail, Graubünden.

Ein bekanntes Beispiel hierfür stellt die Grabinschrift des Kirchenlehrers Petrus Damiani, der 1072 gestorben ist, dar: «Quod nunc es, fuimus, [es,] quod sumus, ipse futurus» («Was du jetzt bist, sind wir gewesen, was wir jetzt sind, wirst du selbst sein»).[2] Dieser Spruch taucht immer wieder im Kontext von Beinhäusern auf. Im Bündnerischen Alvaschein steht im Beinhaus von Mistail eine Tafel mit der Aufschrift «Was wir sind / das werdet Ihr / Was Ihr seid / das waren wir», in Naters im Wallis heisst es «Was ihr seid / das waren wir / Was wir sind / das werdet ihr». Diese *memento mori*-Weisheit hat ihre Wurzeln sowohl im Psalm 90,12: «Unsre Tage zu zählen, lehre uns, damit wir ein weises Herz gewinnen.», als auch in der platonischen Unsterblichkeitslehre im *Phaidon* 81a: «Recht philosophieren heisst, auf den Tod bedacht sein, in sich gesammelt bleiben, um leicht zu sterben.» Hinter solchen Sinnsprüchen steht der Aufruf zur Vergegenwärtigung, dass der Mensch dem Tod nicht entrinnen kann. Während die platonische Philosophie aus der *meditatio mortis* entstand, sich also mit der Besinnung und der gedanklichen Auseinandersetzung mit dem Sterben befasste, entspringt die christliche Theologie aus der *meditatio resurrectionis*, der Erinnerung an die Auferstehung Christi und Hoffnung auf die Auferstehung der Toten sowie das ewige Leben.

Die Totentänze verbinden diese beiden Auffassungen, die antike und die christliche, indem sie einerseits die Endlichkeit des Lebens aufzeigen und andererseits den Menschen dazu anhalten, ein tugendhaftes Leben zu führen.[3] So spricht der Tod zum Jüngling im oben genannten Totentanz im Beinhaus von Hasle: «Ich bit schlag alles in die Schantz / Musst mit mier in den Todtedantz.» Der Tod weist hier den jungen Mann mit zuvorkommender

Abb. 4 a:
Der Tod nimmt im Totentanz von Hasle, Luzern, den schönen, bartlosen Jüngling mit sich.

Abb. 4 b
Im Totentanz im Beinhaus von Wolhusen, Luzern, tritt der Tod den Wirt in die Genitalien und reisst ihn gleichzeitig an den Haaren. Wandmalerei um 1660.

Abb. 4c:
Im Totentanz von Hasle, Luzern, dagegen geht es viel gesitteter zu und her. Bei beiden Malereien ist der Wirt, der oftmals negativ konnotiert war, da er die Leute zum Trinken verleitet und daran auch noch verdient, mit erhobenem Glas dargestellt.

Geste hinaus auf den Friedhof und bittet ihn höflich zum Tanz. Gleichzeitig formuliert er diese Aufforderung mit einem *musst*.

Damit wird der fundamentale Aspekt des Totentanzes angesprochen: das Sterben, das kein Mensch verhindern kann. Das Vorgehen des Todes jedoch kann unterschiedlich sein: Der Tod wendet Gewalt an, wie beim Wucherer in Wolhusen, dem er in die Genitalien tritt (Abb. 4b), oder aber er holt den Sterbenden respektvoll ab.

Tanz als Sünde

Bereits in vergangenen Kulturen kann man eine Verbindung zwischen Tanz und Religion feststellen. Durch kultische Tänze konnten die Gottheiten verehrt und böse Geister abgewehrt werden. Eine negative Bewertung des Tanzes setzte jedoch erst durch die Trennung von Körper und Geist und der damit verbundenen Abwertung des Körpers im europäischen, christlich geprägten Raum ein.[4] Im Verlauf des Mittelalters wurde der Tanz des Volks von führenden Theologen als gefährlich, unzüchtig, sündhaft und teuflisch uminterpretiert. Sich auf den Kirchenvater Augustin berufend, schreibt beispielsweise Jacques de Vitry, der Patriarch von Jerusalem (gestorben 1240) in seinen *Sermones vulgaris*: «Chorea est circulus cuius centrum est diabolus et omnes vergunt in sinistrum»[5] («Der Tanz ist ein Zirkel, dessen Mitte der Teufel ist, und alle wenden sich nach links»).

Der Totentanz kombiniert den Tod als Folge der Ursünde mit der Sündhaftigkeit des Tanzes, wobei die Todesgestalt als Ritualleiter fungiert und darauf verweist, dass Sterben kein willkürliches oder zufälliges Geschehen darstellt, sondern sich nach eigener Gesetzmässigkeit vollzieht. Die angeführten standes- und berufsspezifischen Sünden und Vergehen werden von den jeweiligen Standesvertretern mit Entsetzen, Flehen, Bedauern und Reue zur Kenntnis genommen. So fleht beispielsweise der jugendliche Älpler beim Totentanz in Hasle den Tod an: «Ich bit welst mich Läben lan, ein Alten griff für mich an.» Dabei hat ihn das Gerippe bereits mit einem Schwingergriff an der Hose gepackt und fordert den Älpler zum Schlussgang auf – ein Kampf, dessen Sieger bereits im Voraus feststeht.

Abb. 5: Der Tod nimmt im Totentanz von Hasle, Luzern, auch den jungen Älpler mit sich.

Eine Anweisung für ein korrektes Leben

Lange bevor Totentänze als ikonografische Darstellung Verbreitung fanden, gehörten sie zum gelebten Brauchtum und dienten als Bezeichnung für Bestattungs- und Trauerrituale.[6] So galten Gesang und Tänze auf dem Friedhof bis ins Mittelalter als Ausdruck des feierlichen Gedenkens und dienten der Einbettung von Verstorbenen in die Gemeinschaft der Lebenden. Obwohl sich die geistliche Obrigkeit von diesen – in ihren Augen vor- und unchristlichen – Sitten distanzierte, wurde das Motiv des Tanzes der Lebenden und der Toten von ihnen aufgenommen und zur heute bekannten Symbolik des Totentanzes umgedeutet.[7] Das älteste Zeugnis eines Totentanzes als christliches Ritual findet sich im *Llibre Vermell de Montserrat.*[8] Es entstand um 1296/1399 im katalanischen Benediktinerkloster Montserrat und enthält zehn Lieder. Das letzte Lied, ausdrücklich als Rundtanz bezeichnet, ist mit einem Leichnam im offenen Sarg illustriert und heisst *Ad mortem festiamus* («Zum Tod eilen wir hin»).[9]

Tänze auf dem Friedhof galten bis ins Mittelalter als Ausdruck des feierlichen Totengedenkens.

In der ersten Hälfte des 15. Jahrhunderts entstanden dann in Paris und Basel die ersten monumentalen Totentanzmotive, auf denen Begegnung zwischen Todesfiguren und verschiedenen Ständevertretern zu sehen waren. Die einzelnen Bilder waren mit volkssprachlichen Versen unterlegt, die den Betrachter zu einem tugendhaften Lebenswandel anhalten sollten und die Aufhebung der Stände im Jenseits verkündeten.[10] In den folgenden Jahrzehnten verbreitete sich das Motiv des Totentanzes in Europa. Innerhalb eines halben Jahrhunderts hatte es sich zu einer eigenständigen Kunstform, die Kirchen- und Gesellschaftskritik mit einer *memento mori*-Idee vereinte, etabliert.[11] Diese rasche Etablierung des Totentanzmotivs im 15. Jahrhundert ist im Kontext der spätmittelalterlichen Lebenswelt zu verorten, die von Erfahrungen von Hungersnöten und Seuchen, vom Wunsch nach einer gewissen irdischen Gleichheit und von Reformbestrebungen innerhalb der Kirche geprägt war.

Ferner führten zwei Entwicklungen in der Theologie des späten Mittelalters zu einer Steigerung der Bedeutung des Sterbemomentes und des Todes. Die wichtigste Änderung in der spätmittelalterlichen Theologie war die Einführung des sogenannten *judicium particulare*. Dies besagte, dass die Beurteilung des Lebens des oder der Gläubigen bereits im Moment des Todes stattfinde und nicht erst beim Gericht am Ende der Tage.[12] Zusätzlich wurde die Bedeutung des Sterbemomentes dadurch erhöht, dass die Busse[13] im 13. Jahrhundert zum Sakrament erhoben wurde. Die essenzielle Absolution[14] vor dem Tod war daher nur noch durch die Lossprechung eines Priesters wirksam.[15] Die Autorität der Todesfigur steigerte sich in der Folge, denn sie wurde zum Symbol für die Schnittstelle zwischen weltlichem Leben und Erstem Göttlichen Gericht. In den Totentänzen wurde die Stellung des Todes dann verbildlicht: Er agiert zugleich als Tanz- und als Dialogpartner der Ständevertreter und Ständevertreterinnen. Die Botschaft der Gleichheit aller

Menschen im Tode wurde zum Ausgangspunkt für eine konkrete diesseitige Handlungsanweisung.

(Be-)Deutung katholischer Totentänze in der Zeit der Gegenreformation

Die Reformation stellte in der Entwicklung und der Verbreitung des Totentanzgenres eine Zäsur dar. Der Sinn des Totentanzes bedurfte im Kontext der Glaubensspaltung einer Neuerwägung. Als Katalysator einer neuen Ausrichtung des Motivs diente dabei das Verbot des Buches *Les simulachres & historiees faces de la mort*, in welchem auch die Holzschnitte Hans Holbein des Jüngeren mit dem Titel *Bilder des Todes* veröffentlicht wurden.[16] Die Indexierung durch die katholischen Zensoren kam einer öffentlichen Stigmatisierung des Totentanzgenres als protestantisches Motiv gleich – obwohl es inhaltlich nicht protestantisch war – und führte somit zu einer konfessionellen Spaltung in Bezug auf das Totentanzmotiv und die Darstellung der jeweiligen Figuren.

Die Neuorientierung des Totentanzes im katholischen Glauben vollzog sich in einem längerfristigen Prozess, welcher mit der Gegenreformation zu einem Abschluss gelangte und sich im Kontext der Ziele und Beschlüsse des tridentinischen Konzils[17] verorten lässt. In diese Zeit fällt auch die Entstehung der ersten Darstellungen von Totentänzen in Beinhäusern, obwohl das Bildmotiv des Beinhauses in Totentänzen interessanterweise schon seit dem 15. Jahrhundert verbreitet war.

Die Hintergründe, das als protestantisch angesehene Motiv in römisch-katholischen Beinhäusern aufzugreifen, sind nicht festzulegen. Das Toten-

Abb. 6: Im Gegensatz zum Wirt (Abb. 4 b) wird der Kurfürst ehrenvoll vom Tod zum Mitkommen aufgefordert, Beinhaus Wolhusen, Luzern, Wandmalerei um 1660.

tanzgenre wurde bezugnehmend auf bestehende Text- und Bildprogramme zu einem deutlich erkennbaren eigenen Typus geschmiedet, der sich durch die Propagierung des katholischen Wertekanons kennzeichnet. Die Totentänze in Beinhäusern dienten vor allem der Vermittlung von katholischen Grundwerten. Es fällt auf, dass bei den katholischen Totentänzen darauf geachtet wurde, die Würde, Integrität und Autorität der katholischen Kirche und deren Amtsträgern hervorzuheben. So werden beispielsweise beim Totentanz in Wolhusen die kirchlichen, aber auch weltlichen Würdenträger vom Tod bedeutend sanfter behandelt als die ärmeren Stände.

Totentänze in Beinhäusern dienten vor allem der Vermittlung katholischer Grundwerte.

Die beschädigte Reputation der Kirche und ihres Personals sollte im Sinne einer katholischen Reform wiederhergestellt werden. Diese positive Darstellung kirchlicher Vertreter war ein für die katholische Totentanztradition neuer inhaltlicher Wesenszug.

Etabliert hingegen war die Absicht der Autoren und Maler, Aspekte aus dem Totentanzmotiv zu entfernen, die Fragen über die Legitimität von Herrschaft und Ordnung der Gesellschaft aufwerfen konnten. Deutlich wird dies bei der Bewertung von Reichtum und Armut. Das auf soziale Gerechtigkeit fokussierte, politisch aufgeladene Kirchen- und Glaubensideal des spätmittelalterlichen Reformstrebens wurde in katholischen Gebieten während und nach der Zeit der Glaubensspaltung aus dem Totentanzmotiv entfernt.[18] So wurde die Wucherei im katholischen Totentanz zwar streng verurteilt (in Wolhusen wird der Wucherer beispielsweise als einziger von Tod und Teufel abgeholt), weltlicher Besitz wurde jedoch nicht ausdrücklich kritisiert.

Abb. 7: Der Bäcker (rechts) und der Wucherer (links) werden vom Tod geholt. Hinter dem Wucherer steht auch der Teufel und packt den Sünder an der Schulter, Beinhaus Wolhusen, Luzern, Wandmalerei um 1660.

Hinter der inkonsistenten Haltung stand das Ansinnen, der Grundbotschaft des *memento mori* treu zu bleiben und gleichzeitig auf einer alltäglichen Ebene keinen Anlass zu kritischer Diskussion des Reichtums der Kirche, ihrer Würdenträger und des Adels zu bieten. Das *memento mori* blieb das übergreifende Basismotiv, obwohl – im Gegensatz zu den spätmittelalterlichen Totentänzen – auf die Idee einer Verbindung der biblischen Gleichheit aller vor dem Tod mit einer weltlichen Gleichheit und Gerechtigkeit nicht mehr eingegangen wurde.

Im Vergleich zu den reformatorischen und reformierten Werken, die zumeist als Bücher erschienen, waren beim katholischen Totentanz die profanen Aspekte der Botschaft direkter und stärker ins *memento mori*-Motiv eingearbeitet. Eine Erklärung dafür hängt mit dem technischen Aspekt zusammen, dass die katholischen Totentänze nicht als Bücher erschienen und somit Paratexte nur in kurzer und prägnanter Form in die Rahmentexte ausgelagert werden konnten. Die Sprache der katholischen Totentänze war einfach gehalten und theatralische Ausrufe wie «Jesus Maria wie will mir geschehen» waren für das Genre bezeichnend.[19] Solche Ausrufe lockerten die schwermütige Handlung des Totentanzes auf und machten ihn zugleich lebensnah und verständlich. Die Greifbarkeit des Geschehens wird im Totentanz auf der Spreuerbrücke in Luzern besonders durch die saloppe Bemerkung des Advokaten bemerkbar, denn egal was er auch tue, er sei in einer «[…] viertel Stundt [seines] Lebens frey».[20]

Saloppe Sprüche lockerten oft den schwermütigen Inhalt der Totentänze auf.

Funktion von Totentänzen im Kontext von Beinhäusern: Fazit

Die Rhetorik der katholischen Totentänze zeichnete sich zumeist durch ihre Einfachheit aus. Diese machten die Botschaft leicht verständlich und somit für verschiedene Adressaten und Adressatinnen einfach zugänglich. Die Hauptfunktion des Totentanzes, die Festigung einer bestimmten politischen und gesellschaftlichen Ordnung, wurde somit auf zwei Ebenen erfasst, einerseits durch die Einfachheit der gewählten Sprache und andererseits mit Hilfe einer monumentalen Repräsentation im öffentlich zugänglichen Raum. Der Öffentlichkeitscharakter sollte der Schaffung einer konfessionellen Identität und somit einer katholischen Gemeinschaft dienen. Neben frequentierten öffentlichen Orten boten sich Beinhäuser besonders gut für solche durch Totentänze übermittelte Botschaften an. Totentanzdarstellungen verstärkten die normative Idee hinter Ossarien. Sie duplizierten den *memento mori*-Aspekt der Beinhäuser. Allerdings dienten die Totentänze, wie gesehen, auch im Kontext der Beinhäuser nicht nur dazu, die Menschen an ihre Sterblichkeit zu erinnern und zu einem guten Lebenswandel anzuhalten, sondern sie waren zugleich Instrumente für politisch gefärbte Rhetorik. Besondere Bedeutung wurde der positiven Darstellung der Institution der katholischen Kirche und ihrer Amtsträger zugesprochen. Die Autoren der katholischen Totentänze brachen mit der antiklerikalen Tradition, die das Totentanzgenre seit seiner Entstehung im 15. Jahrhundert entscheidend geprägt hatte. Interessant scheint zudem die Beobachtung, dass in katholischen Totentänzen keine offene Konfrontation mit dem konfessionellen Gegner gesucht und in den Werken keine explizite antireformatorische Polemik geäussert wurde. Ein weiteres wichtiges inhaltliches Merkmal war das Fehlen einer eindeutigen Bewertung von Reichtum und Armut. So wurde Wucherei im katholischen Totentanz generell streng verurteilt, während weltlicher Besitz nicht ausdrücklich kritisiert wurde. Hinter der inkonsistenten Haltung stand das Ansinnen, auf abstraktem Niveau der Grundbotschaft des *memento mori* treu zu bleiben und gleichzeitig auf alltäglicher Ebenen keinen Beitrag zur kritischen Diskussion von Würdenträgern zu liefern. Der Blick auf Totentanzdarstellungen in Beinhäusern zeigt also auf, dass Ossarien multifunktional waren und mit verschiedenen Bereichen des Lebens und Sterbens verbunden werden konnten.

Totentänze verstärken den *memento mori*-Aspekt der Beinhäuser.

ANMERKUNGEN

1 Ein Aufzählung der wichtigsten Totentänze, nach Ländern sortiert, findet sich auf der Homepage der Europäischen Totentanz-Vereinigung: http://www.totentanz-online.de/laender.php (9.10.2014).

2 Künstle 1908, 29.

3 Vgl. Moltmann et al. 2006, 11f.

4 Vgl. Wuckelt 2008, 146.

5 MS Paris, Bibl. Nationale, Lat. 17509, fol. 146. Siehe auch: Kleinschmidt 2005, 45, Fn. 13.

6 Belege dafür finden sich in vor- und frühchristlichen Begräbnisplätzen, später auch in Konzilbeschlüssen und Beichtspiegeln.

7 Vgl. Wunderlich 2010, 47.

8 Das Kloster auf dem Montserrat war zur Zeit der Entstehung des Llibre Vermell de Montserrat ein bekannter Wallfahrtsort. Die Lieder waren dafür gedacht, die traditionellen weltlichen Lieder und Tänze der feiernden Pilger während der Andacht zu ersetzen. Wahrscheinlich wurden dafür bereits bekannte Melodien genutzt und deren Verse durch religiöse Texte ersetzt.

9 Vgl. Wunderlich 2010, 47f. Da es in Montserrat keine Übernachtungsmöglichkeiten gab, mussten die Pilger die Nacht in der Kirche verbringen. Sie verwandelten so den liturgischen Raum in eine Pilgerherberge.

10 Vgl. Dreier 2010, 56f.

11 Zum Aufbau des vorreformatorischen Totentanzes siehe: Dreier 2010; Odermatt-Bürgi 2011; Moltmann 2006.

12 Vgl. Schulte 1990, 36f.

13 Die Busse ist das Bemühen um die Wiederherstellung eines durch menschliches Vergehen gestörten Verhältnisses zwischen Gott und Mensch.

14 Die Vergebung der Sünden nach der Beichte.

15 Vgl. Dreier 2010, 53.

16 Von den Brüdern Melchior und Kaspar Trechsel im Jahr 1540 herausgegeben.

17 Das 19. Ökumenische Konzil, auch tridentinisches Konzil genannt, fand in vier Sitzungsperioden zwischen 1545 und 1563 statt. Es wurde veranlasst, um auf die Forderungen und Lehren der Reformation zu reagieren.

18 Vgl. Dreier 2010, 199.

19 Vgl. Horat 1996, 159.

20 Vgl. Dreier 2010, 209.

BEINHÄUSER *IN DER RESTLICHEN SCHWEIZ*

Bösingen: *Zu Füssen Christi*

Katholische Pfarrkirche St. Jakobus der Ältere (FR)

Die Kirche St. Jakob wurde zwischen 1788 und 1795 in einem spätbarocken Stil neu gebaut. Der untere Teil des Kirchturms ist noch mittelalterlich. Direkt neben der Kirche befindet sich das ehemalige Beinhaus, das heute als Friedhofskapelle verwendet wird. In ihm sind noch eine Tonfigur des Heiligen Syrius sowie eine Pietà aus der St.-Syrius-Kirche, der bekannten alten Wallfahrtskirche von Bösingen, die im 19. Jahrhundert niedergerissen wurde, zu sehen. An der Aussenwand der Friedhofskapelle, zu Füssen eines grossen Kruzifixes, befindet sich eine kleine vergitterte Nische, die verschiedene Gebeine beinhaltet. Mehrere Schädel sind über Knochen angeordnet.

Ein Totenkopf unter den Füssen des Gekreuzigten symbolisiert die Überwindung des Sündenfalls und des Todes.

Die Anordnung unter dem Kreuz ist typisch. Bei vielen Kruzifixen – grossen in Kirchen und kleinen für den Hausgebrauch – findet sich unter den Füssen des Gekreuzigten ein Totenkopf. Dieser symbolisiert Golgotha, den «Ort der Schädel», an dem Jesus gemäss den Evangelien gekreuzigt worden sein soll. Gleichzeitig steht der Totenschädel unter den Füssen des Gekreuzigten aber auch für die Überwindung des Sündenfalls und des Todes (der durch Adam und Eva in die Welt gebracht worden sein soll) durch Christus.

Die aussen angebrachten Knochen kann man jederzeit,
das Beinhaus während der Öffnungszeiten der Kirche besichtigen.

Bubikon: *Unerwünschte Hochzeitsgäste*

Ritterhaus (ZH)

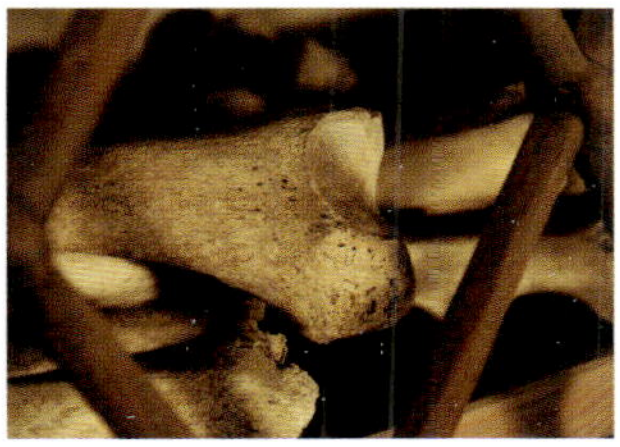

Hochzeiten, Schulreisen und Touristengruppen treffen sich im Ritterhaus Bubikon im Kanton Zürich. Es gilt als eine der schönsten Kommenden (Komturei) des Johanniterordens in Europa. Gemäss eines Stifterbildes in der Kapelle soll Diethelm V. von Toggenburg Bubikon dem Johanniterorden geschenkt haben. Die Kapelle gehört zum ältesten Teil der Anlage, der im 12. Jahrhundert errichtet wurde. Sie ist mit einer Vorhalle aus dem 14. Jahrhundert ergänzt. Die Kommende wurde mit der Übernahme der Reformation in Bubikon 1525 geplündert, der Ordenskonvent aufgelöst und die Kapelle profanisiert. 1532 fand zwar eine Rückerstattung der Anlage an den Grosskomtur statt, der Konvent konnte jedoch nicht wieder eingerichtet werden. Die Kapelle wurde in den darauf folgenden Jahrhunderten unterschiedlich verwendet, zum Teil sogar als Stall. Erst 1942 wurde sie wieder in ihren ursprünglichen Zustand zurückversetzt (jedoch nicht mehr geweiht). Bei dieser Restauration fand man mehrere Gräber in der Kapelle.

Der Blick auf die Gebeine wird nur bei Hochzeiten auf Wunsch des Brautpaars mit einem vor dem Fenster angebrachten Holzbrett verunmöglicht.

Rechts der Kapelle, in einem Seitenraum der Vorhalle, die mit Motiven des Jüngsten Gerichts bemalt ist, gegen Norden, befindet sich in einem kleinen Raum ein Beinhaus. Die heute vorhandene Präsentationsform dieses Ossariums wurde bei der Restaurierung von 1942 eingerichtet. Die in diesem Beinhaus unter einem grossen Holzkreuz zu sehenden Schädel und

Oberschenkelknochen stammen aus einem während der Restaurierung gefundenen Massengrab mit ungefähr 63 verstorbenen Männern. Vielleicht handelt es sich dabei um Knochen von in der Schlacht bei Näfels (1388) Gefallenen.[1] Die Schädel in Bubikon sind aus Archivierungsgründen nummeriert. Den ausgestellten Gebeinen gegenüber, von den Augen der Besucher und Besucherinnen verborgen, sind weitere Knochen aufgeschichtet.

Das Beinhaus kann während der Öffnungszeiten
des Ritterhauses besucht werden.

Charmey: *Mit Blick über das Dorf*

Katholische Pfarrkirche Saint-Laurent (FR)

Auf einer Anhöhe über Charmey blickt die Pfarrkirche St. Laurent auf das Dorf hinunter. Eine Kirche von Charmey ist bereits 1228 urkundlich erwähnt. Die heutige Gestalt verdankt das Gotteshaus jedoch einem Neubau aus den Jahren 1735–1738. Ins 18. Jahrhundert ist auch das Beinhaus zu datieren. Es ist ein kleines, in die ehemalige Friedhofsmauer integriertes Häuschen, was in der Schweiz nur noch selten anzutreffen ist. Ein vergittertes Fenster gibt den Blick frei auf die dort gelagerten Gebeine die sich unsortiert präsentieren, aber dennoch nicht ungepflegt wirken.

Die Gebeine können rund um die Uhr durch ein Gitter betrachtet werden.

Dornach: *Von der Schlacht gezeichnet*

Schlachtdenkmal (SO)

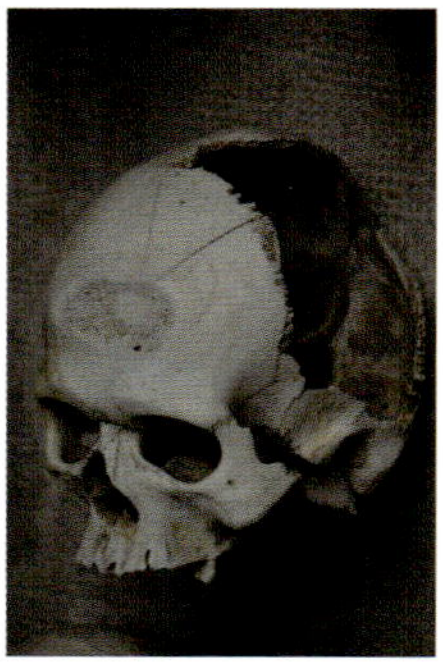

Neben dem ehemaligen Kloster in Dornach befindet sich das imposante Schlachtdenkmal, das an den Schwabenkrieg von 1499 und vor allem an die Schlacht bei Dornach vom 22. Juli jenes Jahres erinnert.[2] Die erste Kapelle zum Gedenken an die Schlacht bei Dornach, im Volksmund «Kapelle zum elenden Gebein» genannt, wurde bereits im frühen 16. Jahrhundert errichtet und diente als Wallfahrtskapelle. 1641–1643 wurde diese durch eine neue grössere Kapelle ersetzt, an die im Osten ein Beinhaus für die Knochen der bei der Schlacht Gefallenen angebaut war. 1784 sollen sich gemäss Benno Schubiger noch über 4000 Schädel darin befunden haben.[3] Diese Kapelle wurde 1874 abgerissen. Einen Grossteil der darin enthaltenen Gebeine hat man bereits einige Jahre früher nach einer kurzen Umlagerung auf dem Friedhof der St.-Mauritius-Kirche begraben.

1899, zur Feier des 400-jährigen Gedenkens an die Schlacht, wurde ein neues Denkmal vor dem Kloster erbaut.[4] Es basierte auf einem Entwurf des Basler Architekten Paul Reber und inszenierte die Schädel in Form einer Pyramide in einem neogotischen Torbogen aus rotem Sandstein (siehe die

alte Postkarte oben rechts). Eingefügt wurden dort auch, wie im jetzigen Denkmal, die fünf Wappen der an der Schlacht beteiligten Kantone (Bern, Solothurn, Luzern, Zug, Zürich).

Das heutige Denkmal wurde 1949 zur Feier des 450-jährigen Gedenkens an die Schlacht eingeweiht.[5] Es ist das Resultat eines 1945 ausgeschriebenen Wettbewerbs und besteht aus einer 22 Meter langen Kalksteinwand mit Reliefs, die vom Bildhauer Jakob Probst gestaltet wurden. Die Reliefs zeigen drei Gruppen von Kriegern, wovon die rechte Gruppe die Schwaben und die linke die Eidgenossen darstellen. In der Mitte sieht man den Kampf zwischen beiden. Die noch erhaltenen Schädel der Schlacht sind heute hinter einer Glasscheibe in Reihen übereinander angeordnet. Man kann verschiedene Verletzungen erkennen, die auf Hiebe und Stiche von Schwertern und Hellebarden hinweisen.

Mit einem imposanten Relief und ausgewählten Schädeln Gefallener wird hier der Schlacht bei Dornach vom 22.7.1499 gedacht.

Das jetzige Denkmal kann man rund um die Uhr besichtigen.

Egerkingen: *Ein Schädelmeer mitten im Dorf*

Katholische Pfarrkirche St. Martin (SO)

Das mitten in Egerkingen gelegene Beinhaus ist eines der beeindruckendsten Ossarien in der Schweiz. Es beinhaltet eine grosse Menge an Gebeinen, die in einem aus Schädeln und mehrheitlich Oberschenkelknochen gestalteten Strahlenmuster angeordnet sind.

Die Kirche St. Martin wurde 1294 erstmals erwähnt. 1567 wurde der gedrungene Käsbissenturm erhöht sowie eine Turmuhr hinzugefügt. Die kantonale Denkmalpflege vermutet, dass damals das Beinhaus mit der darüberstehenden Sakristei an die Kirche angebaut wurde. Dies ist jedoch nicht ganz klar zu eruieren. Vom Baustil her könnte der Bau auch um die Mitte des 17. Jahrhunderts erfolgt sein. 1982 fand unter der Leitung der kantonalen Denkmalpflege eine Renovation der Kirche und des Beinhauses statt. Im Zuge dieser Restaurierung wurden die Gebeine neu angeordnet. Heute sind die Knochen in diesem Raum eingemauert und durch ein vergittertes Fenster einsehbar. Dieses Fenster ist der einzige Eingang ins Beinhaus.

Das Beinhaus ist rund um die Uhr durch das vergitterte Fenster einsehbar.

Kestenholz: *Bis dass der Tod euch scheidet*

Kapelle St. Peter (SO)

Die für Hochzeiten beliebte Kapelle St. Peter liegt romantisch gelegen inmitten von Bäumen. Die Kapelle besteht aus dem früheren Chor der alten, den Heiligen Peter und Paul geweihten spätgotischen Dorfkirche, was die auf den ersten Blick auffallenden architektonischen Besonderheiten erklärt. Seitlich am heutigen Kapellenschiff befindet sich das Beinhaus, in dem durch ein vergittertes und verglastes Fenster Schädel und Gebeine zu sehen sind. Es gehört zum Typus «Backofen»-Form. Im Inneren sind Schädelüberreste über Oberschenkelknochen angeordnet.

Das Beinhaus ist rund um die Uhr zugänglich.

Beinhäuser in «Backofenform» verfügen über ein grosses, meist halbrundes Fenster, das in einen ofenartigen Raum blicken lässt. Sie weisen keine Tür auf; die Knochen wurden durch das Fenster eingeräumt.

Morlens: *Et in Arcadia ego*

Chapelle Saint-Maurice-et-Médard (FR)

Morlens ist ein bezaubernder ländlicher Weiler im Kanton Fribourg abseits der grossen Verkehrsstrassen. Neben Bauernhöfen befindet sich die kleine Kapelle, die aus dem Chor der ehemaligen Kirche Saint-Maurice-et-Médard besteht. Erstmalig erwähnt wurde eine Kirche in Morlens 996 oder 997. Die Kirche, deren Chor heute die Kapelle bildet, wurde 1493 erbaut und mehrmals umgebaut. Um die ehemalige Kirche war ein Friedhof angesiedelt, dessen umgebende Mauer heute wieder rekonstruiert ist. Unter der Kapelle, von aussen durch ein Gitter einsehbar, befindet sich ein Beinhaus mit einer stattlichen Anzahl an Gebeinen. Diese liegen ungeordnet in einem backofenförmigen Raum.

Das Beinhaus ist rund um die Uhr von aussen einsehbar.

St. Martin im Calfeisental: *Riesenhafte Walserknochen*

Kirche St. Martin (SG)

Die Reise nach St. Martin braucht etwas Geduld, da die Strasse nur einspurig geführt wird und man nur jede halbe Stunde in diese ehemalige Walsersiedlung aus dem 14. Jahrhundert fahren kann. Dafür wird man mit einem sensationellen Blick über den gestauten Gigerwaldsee und mit einem der Zeit enthobenen Dorf, das seit dem 17. Jahrhundert nicht mehr ganzjährig bewohnt wird, belohnt. Das im Winter von Lawinen bedrohte und im rauen Gebirge angesiedelte Dorf ist touristisch gut ausgebaut; unzählige Leute mit Wanderschuhen lassen sich von den einfachen Häusern bezaubern und werfen einen Blick in die 1312 erbaute und 1432 erstmals erwähnte Walserkirche.[6] Die Kirche ist nach Osten ausgerichtet und erhebt sich in einer schönen Lage auf einem Felshang über den Tersolbach. Der in der Kirche zu sehende Altar stammt aus dem Jahr 1709. Daneben stehen Repliken von im Museum in Vättis stehenden Statuen der Heiligen Martin und Pirmin.

Das Beinhäuschen ist ausserhalb der Kirche zu finden. Es ist ein kleines gemauertes und vergittertes Gebäude mit einem Pultdach, das Gebeine der bis ins 17. Jahrhundert hier wohnhaften Bevölkerung beherbergt. Paul Zinsli weiss zu berichten, dass früher die scheinbare Riesenhaftigkeit der Knochen von St. Martin Debatten auslöste: «In Vättis erzählt man noch von den riesenhaften Knochen, die im kleinen Gebeinhaus zu St. Martin von der Gestalt der ehemaligen Walser im längst siedlungsleer gewordenen Calfeisental Zeugnis gegeben hätten. Allerdings, ‹die wenigen Überreste, die dieses primitive Beinhaus heute noch birgt, zeigen keine aussergewöhnlichen Grössenverhältnisse› mehr.»[7]

Während der Sommermonate, wenn die Strassen offen sind, ist das Beinhaus frei einsehbar.

Villmergen: *Wenn die Totenglocke läutet*

Nothelferkapelle (AG)

Auf einem Hügel nördlich der Pfarrkirche, am Rande des Friedhofs, steht das ehemalige Beinhaus, heute Nothelferkapelle genannt, von Villmergen. Die Nothelferkapelle ist innen in schöner Schlichtheit gestaltet. Rechts neben dem Chor befindet sich eine Nische, in der sich zwei Schädel und ein Kreuz aus Beinknochen befinden. Diese Gebeine sind die verbliebenen Reste der hier gelagerten sterblichen Überreste der Villmerger Bevölkerung sowie der angrenzenden Gemeinden. Diese ehemals im Beinhaus gelagerten Knochen sind heute unter der Villmerger Nothelferkapelle bestattet. Die Behauptung, die Gebeine würden aus dem zweiten Villmergerkrieg von 1712 stammen, lässt sich nicht halten. Die Villmerger Nothelferkapelle war ein gängiges Beinhaus, in dem die Gebeine der Bevölkerung im Sinne einer Zweitbestattung gesammelt wurden. Das Ossarium wurde im 19. Jahrhundert überflüssig, da damals die alte Kirche abgerissen wurde, was mehr Platz für den Friedhof einbrachte. Erwähnenswert ist ausserdem, dass bei der Renovation von 1965 ein barockes Deckengemälde, das die Himmelfahrt der Jungfrau Maria zeigt, wiederentdeckt wurde.

Die Kapelle ist tagsüber geöffnet.

Noch heute wird bei einem Todesfall in der Gemeinde die Glocke des ehemaligen Beinhauses geläutet.

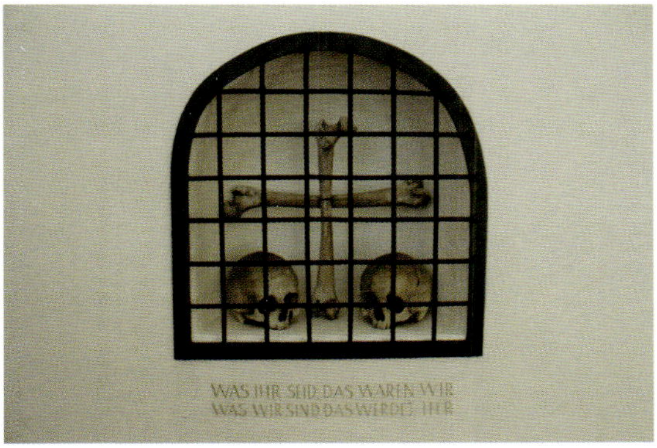

ANMERKUNGEN

1 Siehe Büchi 1942, 21–27.
2 Genaueres zur Geschichte des Schlachtendenkmals in Dornach siehe Schubiger 1999.
3 Schubiger 1999, 337.
4 Siehe Schubiger 1999, 321ff.
5 Siehe Schubiger 1999, 324ff.
6 Genaueres bei Rothenhäusler 1951, 260–262.
7 Zinsli 1986, 57.

BILDNACHWEISE

Dornach: Die Abbildung des ehemaligen Schlachtendenkmals von aussen befindet sich auf einer Postkarte von 1899. Privatbesitz Anna-K. Höpflinger.

St. Martin im Calfeisental: Die alte Postkarte stammt aus der ersten Hälfte des 20. Jahrhunderts und zeigt die einsame Lage des Dorfes. Privatbesitz Anna-K. Höpflinger.

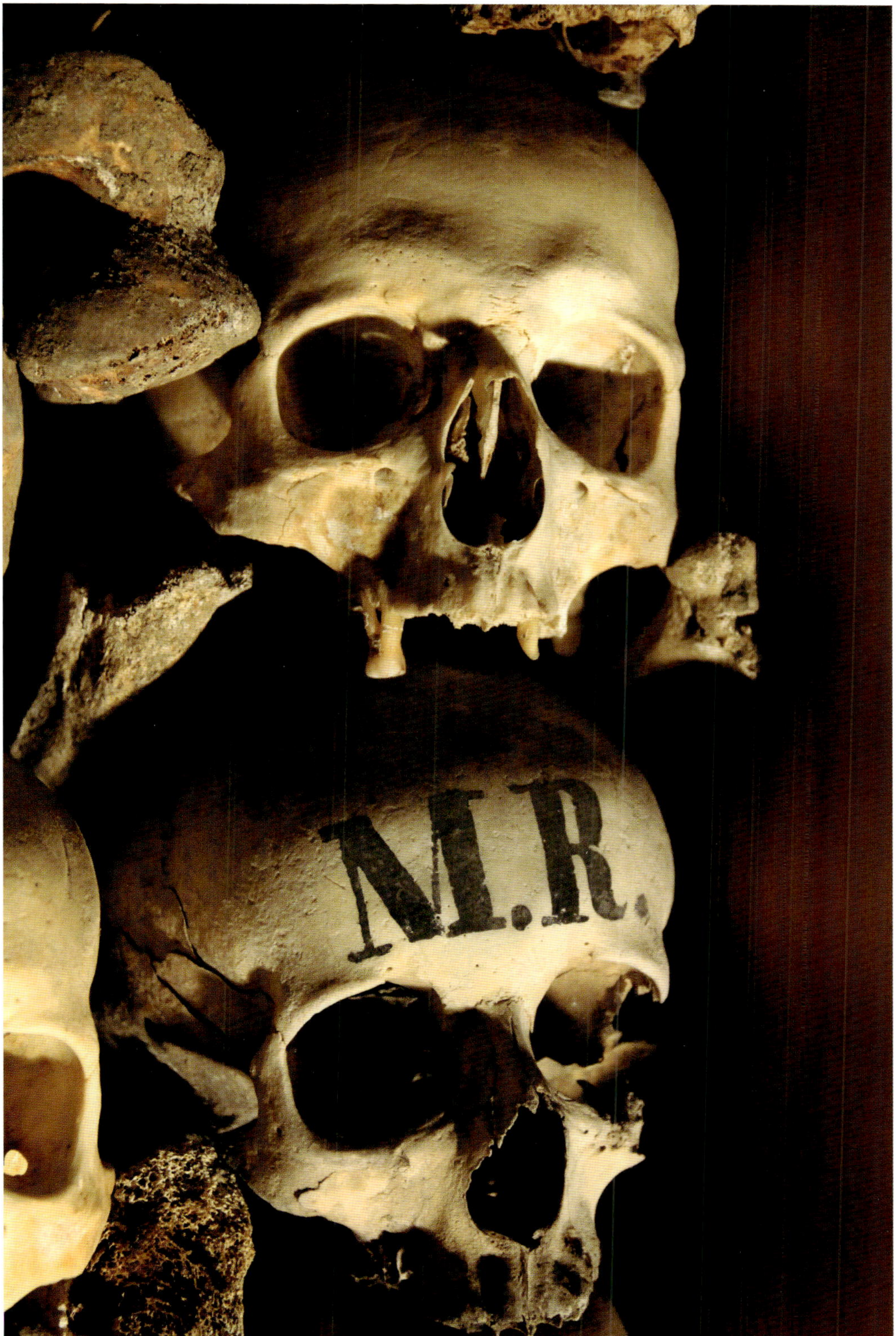
M.R.

SELFIES, GRABKERZEN UND WC-ANLAGEN

Die aktuelle Verwendung von Beinhäusern

Eine Gruppe Touristen und Touristinnen versammelt sich vor der Kirche von Leuk im Wallis. Sie tragen Rucksäcke und Wanderschuhe. Vor ihrer Brust baumeln Fotoapparate. Leise flüsternd betreten sie das Beinhaus und äussern sich fasziniert über die Schädelwände. Ein älterer Herr erzählt von den Heiligenstatuen, die hier gefunden wurden. Nicht mehr verwendete Statuen wurden zwischen die Gebeine gelegt und so ehrenvoll bestattet. Die Anwesenden hören interessiert zu und fotografieren dann die Schädel, den imposanten Christus am Kreuz und die Wandmalereien. Die etwas Frecheren lichten sich sogar selbst vor der Schädelwand ab. Dann verlassen sie das Beinhaus wieder und geniessen die herrliche Aussicht in einem der Cafés, die die Strasse säumen.

Ein ganz anderes Bild zeigt sich im nahe gelegenen Naters: Eine Grossmutter mit ihrem vielleicht sechsjährigen Enkel tritt ans Beinhausfenster, vor dem eine Reihe von Grabkerzen flackert. Langsam nimmt sie zwei Kerzen aus ihrer Tasche. Der Enkel hilft ihr, diese anzuzünden. Es herrscht ein feierlicher Ernst, als die Grossmutter die Kerzen zu den anderen aufs Fensterbrett stellt. Sie rückt die Kerzen zurecht und wirft einen Blick ins Beinhaus, bevor sie und der Enkel wieder gehen.

Abb. 1: Kerzen vor dem Beinhausfenster in Naters, Wallis, zeugen von einer religiösen Verwendung.

Diese beiden Episoden zeigen, dass Beinhäuser heute unterschiedlich genutzt werden können. Im ersten Beispiel treffen wir eine touristische Verwendung an. Im zweiten steht eine religiöse Nutzung im Zentrum, bei der der Verstorbenen gedacht wird. Auch wenn Letzteres eher der Tradition entspricht, schliessen sich diese beiden Verwendungsmöglichkeiten keineswegs aus: Das Beinhaus von Naters gilt ebenfalls als bemerkenswertes Schweizer Kulturgut und wird touristisch besichtigt.

Es gibt heutzutage jedoch auch ganz andere Möglichkeiten, Beinhäuser zu nutzen. Regula Odermatt-Bürgi hat in ihrem Aufsatz gezeigt, wie sich die Bedeutung und Verwendung von Ossarien über die Jahrhunderte hinweg verändert und Beinhäuser besonders im 19. und 20. Jahrhundert profanisiert und umgenutzt wurden. Am Ende des Kapitels macht sie deutlich, dass in den letzten Jahren ein neues Interesse am Tod und der Sepulkralkultur vergangener Zeiten aufgekommen ist. Wir möchten im Folgenden auf diesen heutigen Umgang mit Beinhäusern fokussieren und aufzeigen, wie facettenreich die gegenwärtige Verwendung von Ossarien ist. Dabei werden wir auf vier pragmatische Bereiche genauer eingehen: erstens die auch heute noch vorhandene Verwendung in einem religiösen Kontext, zweitens die Bedeutung von Beinhäusern für eine Erinnerungskultur, drittens Volkspraktiken und Tourismus sowie viertens die Verwendung von ehemaligen Beinhauskapellen als Nutzräume.

In den letzten Jahren ist ein neues Interesse am Tod aufgekommen.

Verwendung in einem religiösen Kontext

Wie das Eingangsbeispiel der Grossmutter, die Kerzen vor dem Beinhaus in Naters aufstellt, gezeigt hat, ist auch heute noch eine religiöse Verwendung von Ossarien zu finden. Nicht, dass neue Gebeine hinzukämen, aber das Beinhaus ist in den religiösen Alltag integriert, wie Pfarrer Brunner im Gespräch zu Recht betont. Sowohl im Wallis als auch in Graubünden (z. B. Lumbrein) trifft man noch heute auf Beinhäuser in der Funktion von Gebetskapellen.

Neben diese «traditionelle» Verwendung treten heute jedoch auch neue religiöse Funktionen, allen voran eine von den Gemeinden und der Kirchenobrigkeit geförderte Nutzung als Aufbahrungskapellen. Zwar findet sich bereits früher die Praxis, Menschen in Ausnahmefällen im Beinhaus aufzubahren. So berichtet der Sakristan Toni Stadler-Gnos aus Bürglen, dass im dortigen Ossarium vor einigen Jahrzehnten noch die Verstorbenen aus dem Bürgerheim (Armenhaus), die kein eigenes Zuhause mehr besassen, aufgebahrt worden seien.[1] Dennoch starben die meisten Leute bis ins frühe 20. Jahrhundert zuhause, wo auch die Aufbahrung des Leichnams stattfand.[2] Der oder die Verstorbene wurde meist mehrere Tage im ehemaligen Wohnhaus aufgebahrt. Die Verwandten, Freunde und Nachbarn besuchten den Leichnam, wobei sich je nach Region (und Konfession) unterschiedliche Bräuche und Rituale bei der toten Person und in ihrem Haus feststellen lassen. Diese Praxis der Aufbahrung hat sich vor allem in der zweiten Hälfte des 20. Jahrhunderts verändert: Krankenhäuser oder Altersheime sind mittlerweile zu den gängigen Sterbeorten geworden; das Aufbahren zuhause fällt meistens weg.[3] Während Leichen im Fernsehen

Bis ins 20. Jahrhundert wurden die meisten Verstorbenen zuhause aufgebahrt.

und in Filmen realistisch inszeniert werden, empfinden es viele Menschen eher als irritierend und unangenehm, bei sich zuhause eine verstorbene Person aufgebahrt zu haben.[4] Die Gemeinden und Kirchen reagieren auf diese Tendenz, indem sie Aufbahrungsräume mit gekühlten Katafalken (Gestellen oder Behältern zur Präsentation des Sarges) zur Verfügung stellen.[5] Da Ossarien eine traditionelle Verbindung zum Tod aufweisen, bieten sie sich für eine Umnutzung als Aufbahrungsraum besonders gut an. Wir sind in verschiedenen Gemeinden vor allem im Wallis, der Innerschweiz und in Graubünden auf die Praxis gestossen, Verstorbene in ehemaligen oder noch mit Gebeinen bestückten Beinhäusern aufzubahren.

Abb. 2: Das Beinhaus von Alpnach, Obwalden, wird heute als Aufbahrungskapelle genutzt.

Da Erdbestattungen auch im römisch-katholischen Raum immer mehr durch Urnenbeisetzungen abgelöst werden, hat es sich eingebürgert, dass seit einigen Jahren auch Urnen in den Aufbahrungskapellen aufgestellt werden. Sie werden zum Beispiel auf dem Katafalk mit Blumendekorationen und Bildern des oder der Verstorbenen arrangiert, um den Trauernden, ähnlich wie bei der Aufbahrung eines toten Körpers, ein Abschiednehmen zu ermöglichen. Die Gemeinde von Fusio im Tessin geht noch einen Schritt weiter: Dort wurden im Beinhaus sogar Urnengräber in die Wand integriert. Das Ossarium wird hierbei von einem Zweitbestattungsraum in eine Erweiterung des Platzes für Erstbestattungen umfunktioniert.

Abb. 3:
Im Ossarium in Fusio, Tessin, werden heute Urnen bestattet.

Eine letzte religiöse Verwendung von Beinhäusern, die wir beobachtet haben, ist der Umbau ehemaliger Ossarien in nicht explizit mit Bestattungspraktiken verbundene, «normale» Kapellen. Beispielsweise ist das Beinhaus von Sagogn zunächst in eine Kapelle für die Maria von Lourdes und später in eine Maria-Immaculata-Kapelle umgewandelt worden. Hierbei bleibt die religiöse Funktion der Bauwerke erhalten, aber ihre Bedeutung wird verändert: Der Tod tritt in den Hintergrund, die Idee einer Zweitbestattung verliert sich. Die Gebäude werden dabei noch immer fürs Gebet verwendet, nehmen also eine ganz traditionelle Funktion ein. Gebetet wird aber nicht mehr vor den Schädeln für die (oder zu den[6]) Armenseelen, sondern vor einer Heiligenstatue wie zum Beispiel einer Figur der Maria von Lourdes.

Im Beinhaus betet man für die Toten; und, auch wenn nicht institutionell anerkannt, durchaus auch zu den Vorfahren.

Diese Beispiele zeigen, dass viele Beinhäuser auch gegenwärtig in einen religiösen Kontext eingebettet sind. Die religiöse Bedeutung von Ossarien hat sich allerdings ausdifferenziert, sodass die Bedeutung des Beinhauses als Totenkapelle um andere religiöse Nutzungen ergänzt wird.

Erinnerung, Identität und Mahnung

Bestattungspraktiken basieren auf Erinnerung. Dies ist zunächst ein individuelles Erinnern, das sich im Totenkult beispielsweise durch das Anbringen des Namens und/oder einer Fotografie auf Grabdenkmälern äussert. Zentral für die Generierung von Tradition ist aber auch das kollektive Gedenken.

Dieses Erinnern einer Gemeinschaft, das «kollektive Gedächtnis», wie es von Aleida und Jan Assmann genannt wird, überdauert individuelle Erinnerungen.[7] Materielle Objekte bilden wichtige Stützen sowohl individueller als auch kollektiver Erinnerung.

Totenschädel können Stützen für individuelle und kollektive Erinnerung bilden.

Beinhäuser waren bereits in vergangenen Zeiten und sind auch heute noch[8] materielle Stätten für beide Arten des Gedenkens. Auf einer individuellen Ebene wurde das Gedenken an die Vorfahren zunächst mündlich weitergegeben. Diese persönliche Erinnerungskultur, die am Knochen festgemacht wird, kommt exemplarisch in einer Episode zur Geltung, die von Marie Andree-Eysn Anfang des 20. Jahrhunderts aus Hallstadt berichtet wird. Sie erzählt, dass von allen Schädeln in Hallstadt ein Schädel besonders auffiel, «nicht nur durch die auffallend dolichocephale[9] Form als auch durch die besondere Weisse. ‹Von wem mag wohl dieser schmale weisse Schädel stammen›, fragte ich. ‹Ja, der›, meinte der Totengräber, den Schädel auf den linken Arm nehmend und sanft mit der rechten Hand darüber streichend, ‹der ist von meinem Schwager, einem jungen Geistlichen. Ich habe ihn darum auch ganz besonders geputzt und gebleicht›.»[10] Die Erinnerung verläuft hier also über die materielle Hinterlassenschaft des Verstorbenen, wobei der innige Bezug zum Schädel für die tiefe Freundschaft zum Verstorbenen steht.

Abb. 4: Ein Langschädel (Nr. 5) im Ossario von Solferino, Italien.

Eine individuelle Bemalung kann diesen persönlichen Bezug zusätzlich verstärken, wie Paul Koudounaris in seinem Aufsatz im vorliegenden Buch zeigt. Schädel wurden vielfach mit den Namen und/oder Todesdaten individualisiert und für ein Gedenken aufbereitet. Mit diesem materiellen Gestalten gingen bisweilen auch familiäre Identifikationsprozesse Hand in

Hand. Dies zeigt sich im Rahmen von Beinhäusern besonders gut an Hauszeichen, die auf die Schädel gezeichnet wurden. Hauszeichen sind grafische Symbole, die die Zugehörigkeit zu einer bestimmten Familie ausdrücken. Solche Markierungen kann man heute noch auf Schädeln in den Ossarien von Domat/Ems, Ludesch und Sevgein erkennen. Auch in Lumbrein waren früher Hausmarken auf Schädeln zu finden.[11]

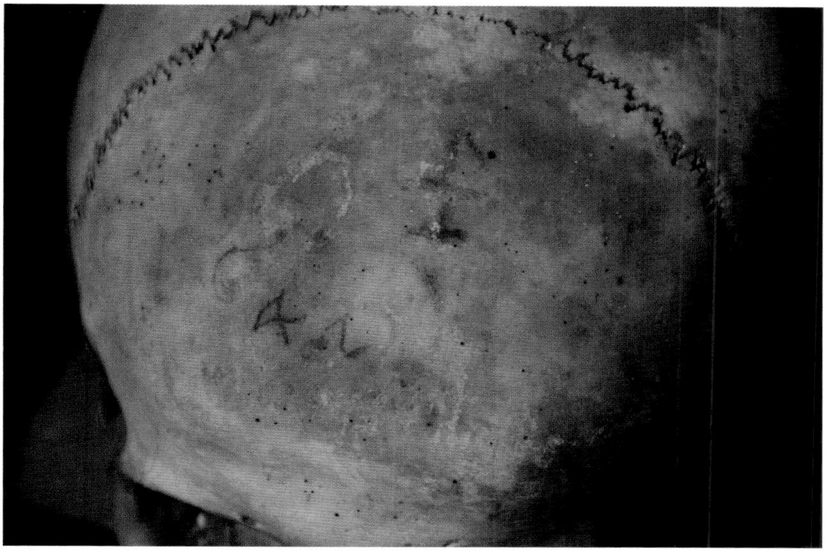

Abb. 5: Ein mit einer Hausmarke bezeichneter Schädel in Domat/Ems, Graubünden.

Im Fall der Hausmarken wird die Schädelbemalung zu einem Symbol für ein Kollektiv. Dieser kollektive Aspekt wird noch weiter verstärkt, wenn aufgemalte Zeichen ganz von Individuen oder Familien gelöst werden und in einem abstrakteren Sinn eine mahnende Funktion an alle das Beinhaus besuchenden Menschen einnehmen. Ein prägnantes Beispiel hierfür ist im österreichischen Wildschönau-Oberau (Tirol) zu finden (Abb. 6 a und b): Das in der Beinhauskapelle zu findende Altarbild, das die Auferstehung und die Vier Letzten Dinge zeigt, wird von 23 eingemauerten Totenköpfen gesäumt. Diese sind fortlaufend mit den Buchstaben des Alphabets auf der Stirn beschriftet. Unterhalb dieser Schädel befindet sich die Inschrift «In diesem ABC sieh', ob dein Nam' nicht steh'? Jung und alt steht in meiner Gewalt – arm und reich sind mir gleich.»[12] Die Schädel stehen hier stellvertretend für eine Gemeinschaft und negieren deren soziale Hierarchie. Die Botschaft soll vermitteln, dass der Tod alle hole. Wichtig für ein jenseitiges Heil, so impliziert dieser Spruch, seien nicht Reichtum oder Macht, sondern ein gutes (religiöses) Leben. Die Erinnerung an die Verstorbenen wird hier also mit einer Forderung an die Lebenden verknüpft.[13]

Abb. 6 a und b: Die eingemauerten Schädel in Wildschönau-Oberau, Österreich, sind mit Buchstaben des Alphabets gekennzeichnet.

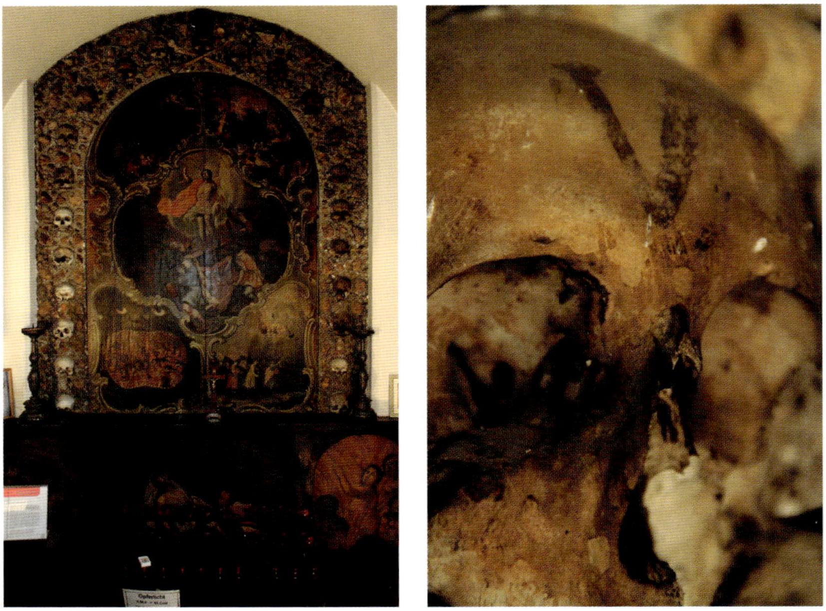

Das Zusammenspiel aus materiell festgemachter kollektiver Erinnerung, Identität und Normativität kumuliert heute in Schlachtendenkmälern. Während solche Gedenkstätten in der Schweiz – man denke etwa an Sempach oder Dornach – eher klein sind, ist das materielle Gedenken an gefallene Soldaten in den angrenzenden Ländern, die aktiv in die beiden Weltkriege involviert waren, weitaus stärker ausgeprägt, wie zum Beispiel das Ossarium in Verdun auf beeindruckende Weise zeigt.

Abb. 7: Das Ossuaire de Douaumont, Frankreich, birgt die Gebeine der nicht identifizierten Gefallenen von Verdun; es wurde 1932 geweiht.

Zwischen Ossarium und Kriegsgedenkstätte lassen sich unterschiedliche Möglichkeiten des Zusammenspiels herauskristallisieren:

Einerseits fällt auf, dass verschiedene Beinhäuser wie etwa Galtür oder Umhausen in Österreich im Zuge der Kriegserinnerung in Denkmäler für Gefallene umgewandelt oder um diesen Aspekt erweitert wurden (Abb. 8 a, b und c). Dabei werden vor allem Gedenktafeln im Beinhaus, teils neben den noch vorhandenen Schädeln der Vorfahren, aufgestellt. Die Namen der Gefallenen und Verschollenen dienen sowohl zur persönlichen Erinnerung an die betreffenden Soldaten, als auch zum kollektiven Gedenken an den Krieg und seine Opfer. In solchen Beinhäusern, die noch alte Gebeine zeigen

Abb. 8 a, b und c: Im Beinhaus von Umhausen, Österreich, wird an die Gefallenen der letzten Kriege erinnert. Unter dem Kruzifix finden sich noch einige Schädel der Dorfbevölkerung.

und neu um den Aspekt des Kriegsgedenkens erweitert wurden, werden verschiedene Arten des Erinnerns zusammengeführt: Die verstorbenen Soldaten haben ihr Leben auf dem Schlachtfeld gelassen und wurden vielfach auch dort begraben. Mit dem Anbringen ihrer Namen wird ihrer jedoch auf eine ähnliche Art wie der verstorbenen Bevölkerung, deren sterbliche Überreste noch immer physisch im Beinhaus ruhen, gedacht.

Bei diesen Beispielen ersetzt also der Name auf einer Tafel den Knochen als Erinnerungsgegenstand. Auch wenn eine solche schriftliche Erinnerung an Verstorbene auf Monumenten für viele heutige Menschen zugänglicher ist als das Gedenken anhand von Gebeinen, findet sich auch in der Gegenwart noch immer die Kriegserinnerung anhand von präsentierten Knochen. Vor allem grosse Schlachtdenkmäler, die in der Nähe der geführten Schlachten liegen und in denen die Gebeine der Gefallenen gesammelt und gezeigt werden, wecken bei Besuchern und Besucherinnen vielfältige Emotionen. Solche Kriegsdenkmäler dienen dem Gedenken an die gefallenen Soldaten, verfügen über eine identitätsstiftende Funktion und bilden Mahnmale für den Frieden. Schlachtendenkmäler sind dabei nicht zwingend patriotisch zu verstehen, sondern mit ihnen können übernationale Identitäten verbunden werden. Bestes Beispiel hierfür sind die imposanten norditalienischen Schlachtendenkmäler von Solferino und San Martino, die an die Schlachten im sogenannten Sardinischen Krieg zwischen Sardinien-Piemont und Österreich im Jahr 1859 erinnern. Beide Ossarien bilden einen gemeinsamen Denkmalkomplex und bergen Tausende von sterblichen Überresten gefallener Soldaten (Abb. 9 a–e). Sie bilden insbesondere für die Rot-Kreuz-Bewegung ein Identitätsmoment. Henri Dunant schrieb und veröffentlichte

Abb. 9 a–d: Im Ossarium von San Martino wird der Gefallenen sowie der Gründung des Roten Kreuzes gedacht.

im Zuge seiner Erinnerungen an die Kriegsereignisse von Solferino (1859), bei denen er Hilfe für die zahlreichen Verwundeten organisiert hatte, auf eigene Kosten das Buch *Un souvenir de Solferino / Eine Erinnerung an Solferino* (1862). Darin entwirft er die Idee von Hilfsorganisationen für die Versorgung von Verwundeten, die schliesslich die Gründung des Roten Kreuzes auslöste. Die Ossarien von Solferino und San Martino werden deshalb rege von Mitgliedern verschiedener Rot-Kreuz-Organisationen besucht, es werden Kränze, Blumen und Gedenkschärpen für die Gefallenen abgelegt und Feierlichkeiten begangen. Die Ossarien werden hierbei zu Symbolen für ein humanitäres, übernationales Ideal.

Abb. 9 e: Auch das Ossarium von Solferino birgt die sterblichen Überreste gefallener Soldaten und bildet ein Identitätsmoment für die Rot-Kreuz-Bewegung.

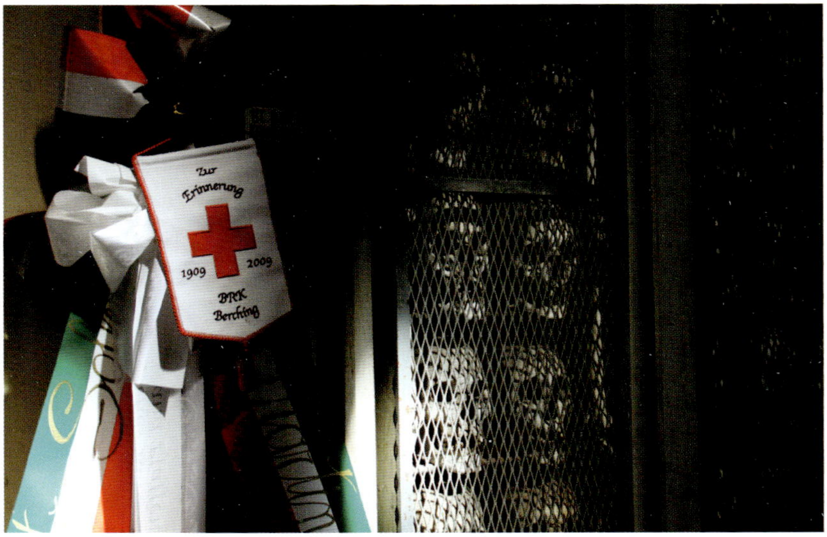

Diese Art des kollektiven Gedenkens kann wiederum mit der Erinnerung an das Individuum zusammengehen: Zum Beispiel nennen kleine Tafeln in Custoza, einem weiteren norditalienischen Ossarium, das an die Schlacht von 1866 zwischen Österreich und Italien erinnert, die Namen und den militärischen Rang der Gefallenen, so diese Daten bekannt sind. Diese kleinen Erinnerungsetiketten aus Metall ersetzen zumindest auf der Ebene ihrer Funktion die Schädelbemalung.

Abb. 10 a und b. In Custoza, Italien, erinnert man der Schlacht von Custoza zwischen Österreich und Italien im Jahr 1866, unter anderem mit personalisierten Schreinen. Die Schädel sind zum Teil mit Namen oder militärischem Rang der Gefallenen angeschrieben.

Ossarien sind also, um diese zweite heutige Verwendung zusammenzufassen, auch gegenwärtig in Erinnerungspraktiken involviert. Die in Schlachtendenkmälern präsentierten Gebeine machen die grausame und stark körperliche Dimension der Kriege sicht- und nachvollziehbar.[14] Solche Ossarien bilden materielle Gedenkmomente, die zum Teil mit starken Emotionen aufgeladen sind und mit normativen Aussagen (bei Schlachtendenkmälern zum Beispiel bezüglich Humanität und Frieden) verbunden sind. Dabei gehen kollektive und individuelle Erinnerungsarten oft Hand in Hand.

Gruselgeschichten und Tourismus

Neben dem «offiziellen», von kirchlichen und staatlichen Institutionen geförderten Umgang mit Beinhäusern gab es auch verschiedene weniger anerkannte Praktiken in und um Ossarien. Davon zeugen unter anderem die vielen, auch heute noch kursierenden Sagen und Legenden, in denen Beinhäuser vorkommen. Zum Beispiel berichtete eine Geschichte aus dem bündnerischen Tersnaus in der Val Lumnezia, dass ein junger Dachdecker, der am Kirchendach arbeitete, sich einen Spass daraus gemacht habe, mit den Schädeln im Beinhaus Unfug zu treiben. Er habe einen Totenkopf «vors Gesicht gehalten und sich auf den Kopf gestellt». Sogleich wird in moralischer Manier von seiner Strafe berichtet: «Der junge Mann ist bald darauf verunglückt, von einem Dach heruntergestürzt.»[15] Immer wieder wird auch von Knochendieben erzählt, die ihre gerechte Strafe erhalten hätten oder zumindest von den Verstorbenen gezwungen worden seien, die gestohlenen Gebeine wieder zurückzubringen. Vielleicht basieren solche Erzählungen darauf, dass das Stehlen von Knochenteilen aus Beinhäusern durchaus ein Teil des Umgangs mit Beinhäusern darstellte – wenn auch nicht anerkannt von den kirchlichen und staatlichen Institutionen. Gestohlene Knochenteile sollten gegen alle möglichen Leiden und Probleme helfen und einen finanziell absichern. In gewissen Gegenden Europas war beispielsweise die Vorstellung zu finden, dass ein gestohlener und unters Kopfkissen gelegter Totenschädel einen die richtigen Lottozahlen träumen lasse.[16] Die Idee, dass ein entwendeter Schädel Geldsegen beschere, findet sich auch in Graubünden: In Ausserferrera soll ein Mann einen Schädel vom Friedhof gestohlen und unter sein Kopfkissen gelegt haben, im Glauben, bei diesem könne man um Mitternacht Geld wünschen.[17] Das klappte aber gemäss der Geschichte nicht, da der Totenkopf um Mitternacht im Zimmer herumtanzte statt die finanziellen Wünsche seines Diebes zu erfüllen.

Es gab die Idee, dass ein unters Kopfkissen gelegter Schädel einen die richtigen Lottozahlen träumen lasse.

Auch gesundheitliche Probleme sollten durch entwendete Beinhausknochen gelöst werden können. Westerhoff berichtet für österreichische Karner von verschiedenen solchen Vorstellungen: «Ein aus dem Beinhaus entwendeter Finger sollte einen Dieb vor Entdeckung bei einem Einbruch schützen. Ein im Beinhaus aus einem Schädel ausgebrochener Zahn, an einer Schnur um den Hals getragen, half gegen Zahnschmerzen. Besen und

Ruten, als Votivgaben ins Beinhaus gegeben, sollten vor Geschwüren und Ausschlägen schützen.»[18] Ein entwendeter Schädel, der in den Laub- oder Strohsack gestopft wurde, solle ausserdem Bettnässern helfen.[19] Auch aus Graubünden kennt man Berichte über die heilsame Wirkung von Schädeln:[20] In Almens geht eine Geschichte von einem groben Mesmer um. Dieser «riss einmal einem Schädel die Zähne aus und steckte sie in die Tasche, indem er sagte, jetzt bekomme er kein Zahnweh mehr».[21] Wenn jemand im Schlaf spreche, solle man ihm einen aus dem Beinhaus entwendeten Knochen unters Kissen stecken, damit er aufhöre – auch das eine Vorstellung aus Graubünden.[22] Gebeine aus dem Ossarium sollten auch gegen übernatürliche Mächte helfen. So wird aus St. Antönien im Prättigau berichtet, dass früher ein Lehrer Michel verehrt worden sei, weil er die Leute vom Toggi, einem Alpgeist, befreien konnte.[23] «Är hed am zwölfi in dr Nacht ä Totächopf us em Beihus ggnoo und drmit eine vam Toggi erlöösd»[24] (er habe um Mitternacht einen Totenkopf aus dem Beinhaus genommen und damit einen vom Toggi erlöst).

Diese Beispiele zeigen, dass Totenschädel und Beinhäuser früher eng in «volksreligiöse» Praktiken integriert waren. Doch auch in neuerer Zeit werden Beinhäuser für Mutproben und Unfug verwendet: So berichten Pfarrer Brunner aus Naters und Pfarrer Blunschi aus Stans, dass noch im 20. Jahrhundert Schädel aus den Ossarien gestohlen worden seien. In beiden Fällen wurden sie jedoch später zurückgebracht, in Stans anonym in einer Schachtel, in Naters durch den Erben des Diebes. In Domat/Ems gab es dagegen pietätslose Fasnächtler: Mitten zwischen den Totenköpfen fällt dort nämlich ein goldener Schädel auf, der, so wird uns von unserer Führerin Renata Bucher berichtet, von Unbekannten für die Fasnacht geklaut, golden angemalt, und nach der Fasnacht wieder zurückgebracht worden sei.

Abb. 11: Der goldene Schädel in Domat/Ems, Graubünden, der auf einen Streich von Fasnächtlern zurückgeht.

Beinhäuser sind also auf verschiedene Arten ins Gemeindeleben und den Alltag integriert. Dass der Umgang mit Knochen nicht immer mit der gängigen Moral und dem Gesetz vereinbar waren, verstärkt das Mysterium der Beinhäuser nur noch.

Dieses Geheimnisvolle, das Beinhäuser umgibt, mag mit ein Grund sein für das wachsende touristische Interesse an Ossarien. Der Tourismus, den wir hier probehalber ebenfalls als «volkstümliche» Praxis betrachten wollen, ist für Beinhäuser Fluch und Segen zugleich. Er kann für den Erhalt von Beinhäusern zu einem Problem werden, wenn Ossarien verändert, geschlossen oder ausgeräumt werden, um Touristen und Touristinnen nicht zu irritieren. Wie Regula Odermatt-Bürgi im vorliegenden Buch schreibt, wurden bereits im 19. Jahrhundert in gewissen Beinhäusern wie Stans oder Wolfenschiessen die Gebeine verdeckt, um die Kurgäste nicht zu erschrecken. Diese Taktik findet man heute noch in Glis, wo die Schädel hinter einem Vorhang versteckt werden. Totenköpfe vermögen durchaus in manchen Besuchenden Unbehagen auszulösen. Wir haben dies auf der Insel Ufenau erfahren. Dort haben wir eine junge Frau angetroffen, die schreiend geflüchtet ist, als sie die ausgestellten Schädel sah. Auf unser Nachfragen hin erklärte sie, sie finde es einfach «grusig» und schrecklich.[25]

Die in Beinhäusern zu sehenden Totenschädel faszinieren und irritieren heute gleichermassen.

Ossarien übten allerdings bereits früher auch eine grosse Anziehungskraft auf Wallfahrende und später Touristen und Touristinnen aus. Ein Beispiel hierfür bietet die Morgue auf dem Grossen St. Bernhard. Paul Hugger berichtet dazu Folgendes: Die Morgue «gehörte früher zu den Sehenswürdigkeiten des Passes. Sie zog viele Neugierige an und war fast ein Muss des damals bescheidenen Passtourismus ähnlich wie die Gruften der Kapuziner in Sizilien. […] Irritiert wegen der zu grossen Nachfrage beschloss die Klostergemeinschaft um 1950 die Öffnungen, zwei Fenster auf der Stirnseite, zuzumauern.»[26] Während in Wolfenschiessen die Gebeine mit Holzbrettern verdeckt wurden, um die Touristen und Touristinnen nicht zu schockieren, dient das Zumauern hier dem Schutz der Klostergemeinschaft vor dem Voyeurismus der Besucher und Besucherinnen. Wir finden also durchaus unterschiedliche Gründe für das Verdecken oder Verstecken der sterblichen Überreste.

Der Tourismus kann für den Erhalt der Beinhäuser jedoch auch eine grosse Chance bedeuten, vor allem dann, wenn Ossarien für einen musealen Zweck sorgfältig restauriert oder sogar wiederhergestellt werden. Schweizer Beispiele für eine gegenwärtige anhaltende touristische Anziehungskraft von Beinhäusern sind die Beinhäuser von Naters und Leuk im Wallis, die Kirchen auf der Ufenau und die schöne Klosteranlage von Mistail in Alvaschein. Besonders Letztere gilt in *new age*-Kreisen als Kraftort, womit an den früheren «volksreligiösen» Umgang mit Beinhäusern angeschlossen wird – auch wenn die Hilfe gegen Zahnschmerzen heute anderswo gesucht wird.

Umwandlung in Nutzräume

Viele der von uns besuchten Beinhäuser, um schliesslich den vierten Punkt der heutigen Nutzung zu nennen, wurden im Zuge des 19. und 20. Jahrhunderts in Nutzräume umgewandelt. Die jeweilige Verwendung hängt von den spezifischen Bedürfnissen vor Ort ab und variiert stark. Eine häufig angetroffene Nutzung, beispielsweise in Alvaneu, Rankweil, Santa Domenica und Soazza, ist jene als Abstellraum.

Abb. 12: Das Beinhaus in Alvaneu, Graubünden, wird heute als Abstellraum verwendet.

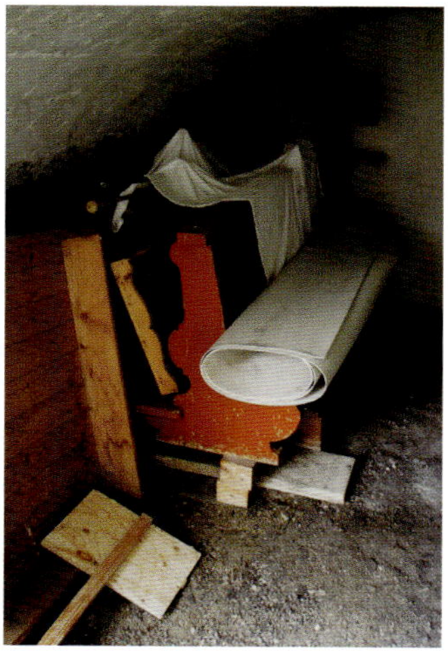

Auch andere, zum Teil unerwartete neue Nutzungsformen finden sich. Hier seien nur einige besonders aufschlussreiche Umnutzungsarten genannt:

In Pfeffingen (BL) wurde in den späten 1960er Jahren entschieden, das Beinhaus zu profanisieren. Dabei wurde es, wie uns das Pfarramt schrieb, folgendermassen umgenutzt: «Im Beinhaus Pfeffingen waren bis in die 1960er Jahre noch Gebeine gelagert worden. Dann wurde es 1966 ausgeräumt zugunsten einer Ölheizung mit Tankraum für die Beheizung der Kirche. Die Gebeine wurden damals rechts neben dem Beinhaus beigesetzt.»[27]

In Sumiswald im Kanton Bern wurde das 1410 erbaute Ossarium vermutlich im Zuge der Reformation umgenutzt und später in ein Wohnhaus integriert. Das Wissen, dass es sich bei diesem Gebäude um das ehemalige Ossarium handelt, ging jedoch nicht verloren: In diesem Haus wurde bis in die 2010er Jahre etwa 140 Jahre lang eine Konditorei mit dem Namen «Beinhaus» geführt. Um die ehemalige Funktion des Ossariums nicht nur namentlich festzumachen, sondern auch architektonisch wieder zu verdeutlichen, wurden bei der Renovation des Wohnhauses im Jahr 1980 auf der Rückseite der ursprüngliche Beinhaus-Eingang in Schlüssellochform sowie ein Fenster (wenn auch zugemauert) wieder sichtbar gemacht (Abb. 13).[28] In den Innenräumen merkt man dem Haus seine Herkunft als Ossarium jedoch nicht an.

Abb. 13:
Bei der ehemaligen Konditorei «Beinhaus» in Sumiswald, Bern, wurden der Eingang und das Fenster zum ehemaligen Ossarium wieder sichtbar gemacht.

Das Beinhaus von Zweisimmen im Kanton Bern, das aus dem 15. Jahrhundert stammt, wurde ebenfalls umgebaut, jedoch nicht zu einem Privathaus, sondern zu einem Seminarraum. Dieser wird heute von der reformierten Kirchgemeinde vermietet und eignet sich, gemäss der Homepage durch seine «spezielle Atmosphäre für Kurse, Seminare und Weiterbildungen, aber auch für Privat- und Vereinsanlässe».[29]

In Utzenstorf, ebenfalls im Kanton Bern, dagegen wurde das schöne spätmittelalterliche Beinhaus im 20. Jahrhundert in eine Toilettenanlage für die Kirchgänger und Kirchgängerinnen umfunktioniert (Abb. 14). Ob sich damit noch ein Hauch reformierten Denkens finden lässt, das auf katholische Praktiken «fäkaliert», sei dahingestellt.

Abb. 14:
Das spätmittelalterliche Beinhaus in Utzenstorf, Bern, wurde zu einer Toilette umfunktioniert.

Vom religiösen Gut zum musealen Objekt: Ein Fazit

Wie die gemachten Beobachtungen zeigen, findet sich auch heute noch eine breite und auch rege Nutzung von Beinhäusern. Neben einer religiösen Verwendung sowie dem Gebrauch als Nutz- und Abstellräume ist gegenwärtig hauptsächlich eine kulturgeschichtliche und touristische Funktion wichtig. Die museal-touristische Bedeutung der Beinhäuser nimmt vor allem auf «Kosten» der religiösen Verwendung zu. Diese Tendenz zeigt sich besonders prägnant, wenn Gebeine aus Ossarien als Kulturgut oder Kunst in Museen ausgestellt werden. Bemalte Schädel aus Hallstatt und dem Paznauntal befinden sich heute beispielsweise im Anatomischen Museum Innsbruck.[30] Ein Schweizer Beispiel liefert das Ritterhaus in Bubikon. Dort werden seit 1942 in einem Massengrab gefundene Schädel und Gebeine in einem musealen Kontext als Beinhaus präsentiert, auch wenn das über den Totenköpfen angebrachte Holzkreuz auf eine religiöse Funktion verweist (die es in dieser Form so in Bubikon nicht gab).

Die Diskussion, was bezüglich Beinhäusern genau als Kulturgut gilt – ob gar nichts, die Gebäude oder auch die Schädel – ist dabei noch keinesfalls abgeschlossen: Die Debatte, wie mit Beinhäusern zukünftig verfahren werden soll, ist immer noch im Gang.

Abb. 15: Eine Touristin fotografiert das Beinhaus in Bubikon, Zürich.

Die Entwicklung von einer religiösen hin zu einer vermehrt touristisch-musealen Nutzung basiert auf einer grundlegenden Veränderung des Umgangs mit dem Tod und dem Sterben: Während Beinhäuser, um eine Deutung des Religionshistorikers Robert Orsi aufzugreifen, bei einer religiösen Nutzung Symbole von Präsenz der Verstorbenen, des Todes, des Gedenkens oder normativer Werte sind, symbolisieren Ossarien in einem Museums-Kontext die Absenz des Lebens, der Vergangenheit oder der Verstorbenen.[31] Je nach Kontext und Funktion des betreffenden Beinhauses werden die Gebeine entsprechend präsentiert: Die museale Inszenierung von Gebeinen hinter Glas und Gittern schützt zwar die Kulturgüter, verstärkt jedoch gleichzeitig die Distanz zwischen Betrachtenden und Artefakt und entfremdet sie von religiösen Verwendungen. Gebeine in einem musealen Kontext sind nicht mehr agierende Subjekte wie in «traditionellen» Vorstellungen, sondern sie werden zu Objekten, die von Subjekten betrachtet (und beurteilt) werden. Dies kann passend mit folgender Episode illustriert werden, die Robert Orsi in einem bekannten Essay von 2007 beschreibt: «Diese Aufteilung zwischen Präsenz und Absenz, zwischen dem Wörtlichen und dem Metaphorischen und zwischen dem Übernatürlichen und dem Natürlichen bestimmt die moderne westliche und – in einem imperialistischen Sinne – sogar die gesamte moderne Welt. Stellen Sie sich eine meiner italienisch-stämmigen katholischen Grossmütter vor, wie sie eine Statue der Heiligen Jungfrau Maria im Metropolitan Museum of Art besuchen möchte. Sie steigt von der Fifth Avenue aus die steile Treppe zum Museum hoch und zwängt sich durch die Menschenmassen in einen Raum voller mittelalterlicher Kunst, in dem viele wunderschöne Statuen der Heiligen Mutter ausgestellt sind, die sie kennt und liebt. Meine Grossmutter will die Statuen berühren. Sie will sich über die Absperrungen beugen, um die Roben der Statuen zu küssen oder ihnen ihre Geheimnisse und Nöte anzuvertrauen. Aber dies ist nicht die Art und Weise, wie sich moderne Menschen Kunst nähern. Für diese sind solche Statuen lediglich Darstellungen, die einen bestimmten Moment der westlichen Geschichte und ihrer Kunst illustrieren und für ihre Form und ihre Mitwirkung zur Entwicklung eines ästhetischen Stils zu bewundern sind. Es ist nichts in ihnen, niemand ist da. Die Wärter eilen herbei und schicken meine Grossmutter zurück auf die Strasse.»[32]

Die Handlungen der Grossmutter in Orsis Beispiel repräsentieren den «traditionellen» Umgang mit religiösen Objekten, der durch Nähe und Präsenz gekennzeichnet ist. Die Grossmutter will die Statuen küssen und mit ihnen interagieren. Solche Praktiken galten bis ins 19. und je nach Region bis ins 20. Jahrhundert auch für den Umgang mit Schädeln in Ossarien. Dies ist beispielsweise in der Chiesa di San Bernardino alle Ossa in Mailand besonders gut erkennbar: Die sich heute hinter Gitter befindlichen Schädel auf Augenhöhe weisen klare Nutzungsspuren auf. Sie sind von den vielen Berührungen und Küssen der betenden Menschen poliert und glänzen, während die höher angebrachten Schädel diese Spuren nicht aufweisen. Die Gebeine waren also Teil der (lebenden) Gemeinschaft, mit ihnen wurde (inter)agiert.

Die wenigsten Leute heute würden einen Totenschädel küssen und berühren, obwohl dies früher eine gängige Praxis war.

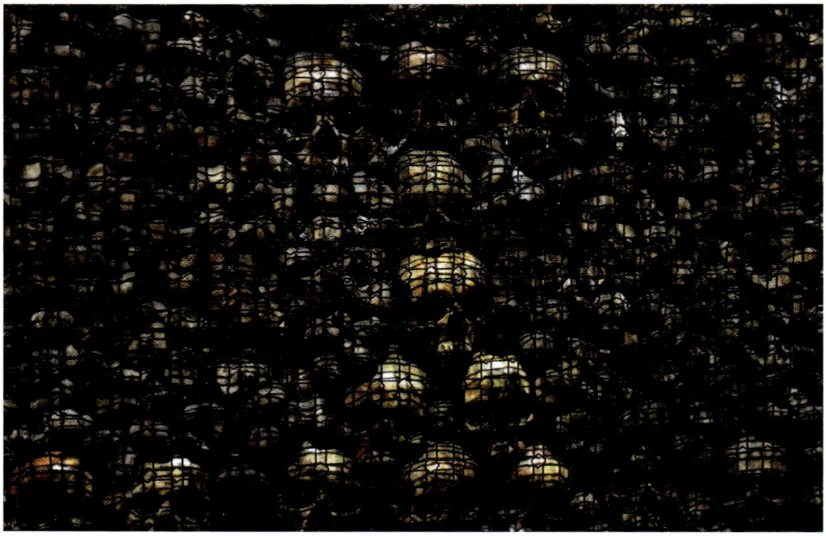

Abb. 16: Die durch die Berührung der betenden Menschen glänzenden Schädel in Mailand, Italien.

Das Ausstellen der Gebeine hinter Gittern in einem musealen Sinn dagegen ist reduktionistisch: Es reduziert die Gebeine aufs Betrachtet-Werden, weitere sinnliche Interaktionen mit ihnen werden unterbunden. Im musealen Kontext werden die Gebeine zu Symbolen einer abwesenden Vergangenheit und stehen nicht mehr für eine präsente Transzendenz. Wie sich dieser Zugang zum Tod mit der Neuentdeckung der Sinnlichkeit und des Körpers im religiösen Kontext in Zukunft entwickeln wird, wird sich zeigen.

ANMERKUNGEN

1 Vielen Dank für diese Auskunft. Heute verfügt Bürglen über eine moderne Aufbahrungskapelle, so dass das Beinhaus nicht mehr zu diesem Zweck verwendet wird.

2 Hauser 1994, 103.

3 Roost Vischer 1999, 28.

4 Siehe zum Umgang mit Toten: Heller 2007.

5 Siehe die Überlegungen und Diskussionen betreffend des Baus einer neuen Aufbahrungskapelle in Vrin bei Caminada 2003.

6 Siehe Zihlmann 1982.

7 Siehe Assmann 2006.

8 Siehe den Beitrag von Jean-Pierre Brunner.

9 Dolichocephalie bezeichnet einen Langschädel. Dies ist eine Kopfform, bei der das Längenwachstum das Breitenwachstum massiv übertrifft.

10 Andree-Eysn 1910, 147.

11 Vielen Dank an Camilius Collenberg für diesen Hinweis.

12 Westerhoff 1989, 177f.

13 Siehe auch die Beiträge von Melanie Eyer und Paul Koudounaris.

14 McGuire 1990, 293f.

15 Büchli 1966, 638.

16 Andree-Eysn 1910, 150f. Siehe auch die auf einen Schädel gemalten Lottozahlen im Beitrag von Paul Koudounaris im vorliegenden Buch.

17 Büchli 1990, 285.

18 Westerhoff 1989, 15.

19 Westerhoff 1989, 15.

20 Siehe auch Caminada 1918, 97.

21 Büchli 1990, 115.

22 Caminada 1918, 97.

23 Dass diese Geschichte in St. Antönien angesiedelt ist, überrascht zunächst. Denn St. Antönien hat im 16. Jahrhundert als eines der ersten Dörfer im Prättigau den reformierten Glauben angenommen. Unsere Recherchen haben jedoch ergeben, dass ein (ehemaliges) Beinhaus noch heute in der Erinnerung der Einwohner und Einwohnerinnen präsent ist. Der in der Geschichte genannte Lehrer Michel arbeitete Anfang des 19. Jahrhunderts als Pädagoge in St. Antönien und Schuders und ist eine schillernde und sagenumwogene Gestalt. Vielen Dank an Alfred und Elisabeth Egli-Davatz sowie an Pfr. Ursina Hardegger und Konrad Flütsch-Gansner für die Informationen.

24 Büchli 1989, 242.

25 Besuch Ufenau 12.4.2015.

26 Hugger 2002, 302.

27 11.4.2014, via E-Mail.

28 Vielen Dank an Ernst und Marianne Gerber für diese Informationen.

29 Siehe Homepage der reformierten Kirchgemeinde Zweisimmen: http://www.refkirchezweisimmen.ch/raeumlichkeiten/beinhaus (23.7.2015).

30 Siehe http://www.anatomie-innsbruck.at/museum.html (8.4.2015).

31 Orsi 2007.

32 Übersetzung von Yves Müller. Das englische Original lautet folgendermassen: «This divide between presence and absence, between the literal and the metaphorical, between the supernatural and the natural, defines the modern Western world and, by imperial extension, the whole modern world. Imagine one of my Italian Catholic grandmothers going to see a statue of the Virgin Mary in the Metropolitan Museum of Art. She climbs the museum's steep steps rising up from Fifth Avenue and pushes through the crowds and into the rooms of medieval art, where there are many lovely statues of the Blessed Mother, whom my grandmother knows and loves. My grandmother wants to touch the statues. She wants to lean across the velvet ropes to kiss their sculpted robes or to whisper her secrets and needs. But this is not how modern people approach art. For them, the statues are representations, illustrative of a particular moment of Western history and the history of Western art, and are to be admired for their form and their contribution to the development of aesthetic styles over time. There's nothing in them, no one there. The guards rush over and send my grandmother back out to the street.»

riaco
Casa
za il
66
1 Ufficiale Austriaco
Cad. nei pressi di Casa
Bassi in Custoza il
24 Giugno 1866

ODORO KIRCORVICK
Tenente Austriaco
alla Casella di Custoza
24 Giugno 1866
ESDRA MOSE
Capt Medico 51° Fanteria
Cad. sul Monte Mori il
24 Giugno 1866

Dorotea
1891.

BEINHÄUSER *IM ANGRENZENDEN AUSLAND*

Galtür: *Goldene Vergänglichkeit*

Katholische Pfarr- und Wallfahrtskirche Mariä Geburt (A)

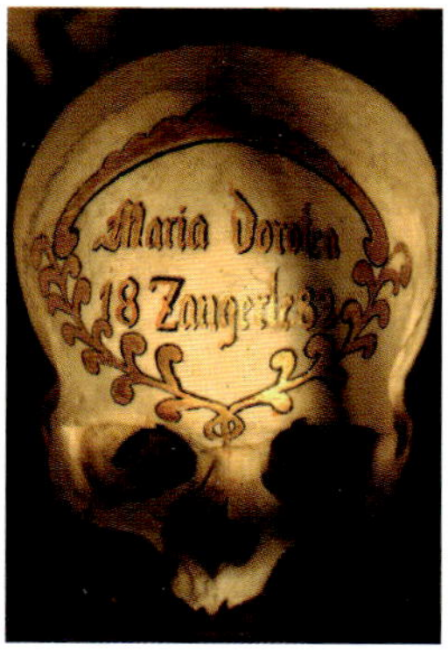

Galtür, auf rund 1600 Metern über Meer gelegen, ist heute ein beliebtes touristisches Ziel im Paznauntal in Österreich. Galtür war im Mittelalter durch romanische Siedlerfamilien aus dem Engadin gegründet worden. Diese bezahlten den Herren von Tarasp und einigen anderen Zins. Im 14. Jahrhundert siedelten ausserdem Walserfamilien in diesem Dorf. Die dritte Gruppe von Einwanderern, die Galtür prägten, waren Familien aus dem Tirol. Die Anbindung zum Engadin blieb jahrhundertelang eng: Vor allem herrschte reger Handel über die Silvrettapässe hinweg.

Religiös unterstand Galtür dem Bistum Chur. Eine eigene Kirche wurde im späten 14. Jahrhundert erbaut und 1383 vom Bischof von Chur geweiht. 1622 wurde das Dorf im Zuge des Dreissigjährigen Krieges angegriffen. Es brannte inklusive der Kirche nieder. Letztere wurde wiederaufgebaut und 1776–1778 im barocken Stil verändert. Seit dem 18. Jahrhundert dient sie aufgrund des berühmten Gnadenbildes der Mutter Gottes als Wallfahrtskirche.

In den 1880er Jahren konnte der Innsbrucker Anatom Moritz Holl im Paznauntal noch 873 Beinhausschädel untersuchen.[1] Von all diesen sind heute nur noch rund 40 in Galtür erhalten geblieben. Weitere davon sind im anatomischen Museum in Innsbruck zu finden. Das Spezielle an den

Schädeln von Galtür ist die kunstvolle Bemalung.[2] Gustav Sauser vermutet aufgrund des Stils der Bemalung sowie der Zeitspanne der Dekoration im Zeitraum von 1847 bis 1894, dass die Schädelbemalung in Galtür auf einen einzigen Künstler zurückgehen könnte.[3]

Die Totenköpfe in Galtür bestechen durch goldene Muster und Schriftzüge.

Die Schädel befinden sich heute in einer Nische in der Vorhalle der Kirche Galtür. Sie stehen in einem vergitterten Kasten unter einem Kruzifix. In der Nische sind ausserdem Gedenktafeln für die Gefallenen der Kriege des 19. Jahrhunderts sowie der letzten beiden Weltkriege zu finden. Die Schädel sind in drei Reihen hintereinander aufgestellt, wobei die unbemalten Totenköpfe hinten zu finden sind. Die bemalten Schädel weisen neben den Ornamenten fast immer den Namen (oder die Initialen) und das Todesdatum der verstorbenen Person auf.

Die Vorhalle kann man während der Öffnungszeiten der Kirche besichtigen.

Ludesch: *Walser, Hausmarken und die Pest*

Alte Pfarrkirche St. Martin (A)

Die gotische, sich abseits der Siedlung erhebende Kirche St. Martin ist ein kulturgeschichtliches Juwel und das Wahrzeichen von Ludesch. Während man lange Zeit der Meinung war, diese einsame Lage sei der Walsermentalität zuzuschreiben, zeigen neuere archäologische Ausgrabungen, dass die Kirche auf einem Vorgängerbau aus karolingischer Zeit, also mehrere Jahrhunderte bevor Walserfamilien in diese Gegend kamen, errichtet wurde. Erzählungen gemäss soll die Ludescher Bevölkerung im 17. Jahrhundert geschworen haben, eine neue Kirche im Dorfzentrum zu bauen, die alte aber weiterhin zu pflegen, wenn sie von der Pest verschont werde. Diese Geschichte soll die Existenz von zwei Kirchen in Ludesch erklären.

Gemäss einer am Beinhaus angebrachten Inschrift sollen hier sogar noch Schädel aus der Walser Einwanderungszeit zu finden sein.

Im Untergeschoss der Kirche befindet sich noch heute ein Beinhaus mit einer grossen Anzahl an Gebeinen. Diese liegen unsortiert da und werden von zwei grossen Gittern geschützt. Sowohl der Anthropologe Gustav Sauser als auch der Kunsthistoriker Andreas Rudigier sprechen von Hausmarken (Zeichen für bestimmte Familien) sowie Namen, die auf die Schädel in Ludesch aufgezeichnet seien.[4] Bei unserem Besuch finden wir tatsächlich ein aufgemaltes Hauszeichen (siehe Bild oben). Im Ossarium befindet sich ausserdem der Grabstein der «ehrsamen Jungfrau Kathr. Burtscher» aus dem frühen 20. Jahrhundert. Hinter diesem Denkmal sind drei weitere Schädel zu entdecken.

Das Beinhaus ist durch die Gitter jederzeit einsehbar.

Rankweil (Feldkirch): *Sortiert für die Ewigkeit*

Katholische Pfarrkirche St. Peter (A)

Die Kirche St. Peter befindet sich mitten in Rankweil, direkt unter der Liebfrauenkirche, die sich auf einem Hügel erhebt. Sie gilt als eine der ältesten des Voralberger Oberlandes. Das Gebäude wird 842 zum ersten Mal erwähnt und zwar im rätischen Urbar, wo sie «Herrenhofkirche des Bischofs von Chur» genannt wird. St. Peter gehörte bis ins 13. Jahrhundert zum Lehen des Bischofs von Chur. Durch eine Schenkung des Churer Bischofs an das Kloster Kreuzlingen gelangte St. Peter im 13. Jahrhundert an dieses Stift, welches das Patronat über die Kirche bis 1806 beibehielt.

Der heutige Kirchenbau geht auf das 12. Jahrhundert zurück, steht jedoch auf älteren Fundamenten. Grössere bauliche Veränderungen lassen sich im 17. und 18. Jahrhundert feststellen. In der Kirche wurden mehrere Gräber gefunden, unter anderen auch Kindergrabstätten.

Das Beinhaus, ein eingeschossiges rechteckiges Gebäude aus der Barockzeit, befindet sich neben der Kirche auf dem Friedhof. An der Aussenwand sind zwei gestiftete Gedächtnistafeln aus dem frühen 18. Jahrhundert zu finden, die eine stellt die Heimsuchung der Maria dar, die andere die Krönung der Muttergottes.

Das Beinhaus wird heute als Nutzraum verwendet. Da die Kirche während unseres Besuchs renoviert wurde, befanden sich im Beinhaus aus der Kirche ausgelagerte Gegenstände und Baugeräte. Die noch im Ossarium vorhandenen Gebeine sind heute nach Knochenart auf Gestellen sortiert. Dies ist für den geografischen Raum, der im vorliegenden Buch im Blick ist, einmalig. In einem Eimer lagern weitere Gebeine, die bei einer Ausgrabung gefunden wurden und nun ins Beinhaus zu den anderen Verstorbenen gebracht worden sind.

Das Beinhaus ist rund um die Uhr durch eine geschlossene Tür einsehbar.

Tisis (Feldkirch): *Kaum grösser als ein Backofen*

Kirche St. Michael (A)

Die alte Pfarrkirche St. Michael in Tisis (Feldkirch), die 1442 geweiht wurde, wird von einem rege besuchten Friedhof umgeben. Im Untergeschoss des Chores befindet sich ein alter Leichenwagen, an der Kirchenmauer sind alte schmiedeiserne Grabkreuze zu sehen. Hinter einem Buchsbaum versteckt, eingelassen in die Friedhofsmauern, entdecken wir schliesslich auch das Beinhaus. Diese Integration des Ossariums in die Friedhofsmauer war früher üblich; heute sind vergleichsweise nur noch wenige solcher Mauerbauten zu finden.

Die Gebeine liegen unsortiert in dieser kleinen Gruft, die «kaum grösser als ein Backofen» ist.[5] Über den Gebeinen hängt ein schmiedeisernes Kruzifix. Die Schädel scheinen, dem Erhaltungszustand nach zu schliessen, unterschiedlicher Herkunft zu sein.

Das Beinhaus kann jederzeit besucht werden.
Die Gebeine sind durch ein Gitter einsehbar.

ANMERKUNGEN

1 Siehe Sauser 1962, 27.

2 Zur Bemalung siehe Sauser 1962, 28ff.

3 Sauser 1962, 28.

4 Sauser 1962, 30, Fn. 7; Rudigier 2005, 90f.

5 Westerhoff 1989, 176.

VOM BERG ATHOS NACH STANS

Ursprünge und Verbreitung der Schädelbemalung in Europa

Paul Koudounaris

Wie persönliche Erinnerungsstücke aus längst vergangenen Zeiten schlummern bemalte Schädel versteckt in dunklen Nischen und Gewölben in Schweizer Beinhäusern. Im Ossarium von Stans (Abb. 1) beispielsweise sind, verteilt über die gesamte Schädelwand, über ein Dutzend bemalte Schädel zu entdecken. Im Innenhof der Zisterzienserinnenabtei in Eschenbach präsentieren sich stolze 45 Stück (Abb. 2). In der linken der beiden Schädelnischen von Wolfenschiessen ist dagegen nur ein einzelner Totenkopf mit einer Inschrift zu finden (Abb. 3). Weitere bemalte Schädel gibt es in Steinen im Kanton Schwyz. Während diese mit Bleistift nur spärlich beschriftet sind, wurden die oben genannten Beispiele opulent dekoriert. Die Mehrheit der bemalten Schädel trägt die Namen und das Todesdatum der verstorbenen Person, während andere mit ausgebleichten und rätselhaften Initialen beschriftet sind. Im Überblick zeigt sich hier eine äusserst facettenreiche Kollektion. Man kann deshalb also nicht von einer einzigen

Abb. 1: Der beschriftete Schädel der «Frau Aloisia Blättler-Zimmermann» im Beinhaus von Stans, Nidwalden. © Paul Koudounaris.

Abb. 2:
Die bemalten Schädel der verstorbenen Ordensschwestern im Kloster Eschenbach, Luzern. © Paul Koudounaris.

Abb. 3:
Der beschriftete Schädel im Beinhaus in Wolfenschiessen, Nidwalden. © Paul Koudounaris.

Art der Schädeldekoration sprechen. Zwischen den ältesten und den jüngsten heute noch erhaltenen bemalten Beispielen liegen rund zwei Jahrhunderte. Was auf den ersten Blick wie eine zusammengewürfelte Sammlung erscheinen könnte, ist ein stummes Zeugnis einer vor allem in Mitteleuropa einst beliebten und verbreiteten Tradition der Schädelbemalung.

Die in der Schweiz zu findenden bemalten Schädel stellen nur einige wenige Beispiele dieser facettenreichen Tradition dar. Für einen vertieften Blick auf das Thema der Schädeldekoration müssen weitere europäische Länder in die Betrachtung einbezogen werden, in denen eine weit grössere Anzahl an verzierten Schädeln erhalten geblieben ist als in der Schweiz.

Die bekanntesten Sammlungen von bemalten Schädeln sind in Hallstatt in Österreich sowie in Dingolfing in Bayern zu finden. Im Beinhaus auf dem alten Friedhof von Hallstatt ruht die gewaltige Anzahl von rund 700 Schädeln (Abb. 4). Im Ossarium in Dingolfing werden heute noch 60 bemalte Schädel präsentiert (Abb. 5). An beiden Orten sind die Totenköpfe ausserordentlich gut erhalten und daher anschauliche Beispiele für die Qualität des Kunsthandwerks sowie für die verschiedenen Motive, die für die Dekoration der Schädel verwendet wurden. Die Namen oder Todesdaten der Verstorbenen wurden häufig mit Kreuzen oder verschiedenen Pflanzenmustern ergänzt, was die Schädel mit einem zusätzlichen symbolischen Gehalt versah. Rosen verweisen beispielsweise auf Liebe, während Efeu ein Zeichen für das ewige Leben ist. Lorbeerkränze verkörpern den Sieg, und Eichenlaub steht für Ruhm. Häufig sind auch *memento mori*-Motive zu finden – die Schlange, um eine Augenhöhle geringelt, nimmt beispielsweise Bezug auf das Konzept der Erbsünde, durch die der Tod in die Welt gekommen sein soll.

Abb. 4: Die dekorativ bemalten Schädel von Hallstatt, Österreich. © Paul Koudounaris.

Abb. 5: Die Bemalung der Totenköpfe im Beinhaus von Dingolfing, Deutschland. © Paul Koudounaris.

Bemalte Schädel werden von heutigen Besuchern und Besucherinnen oft als makaber empfunden; die Beinhäuser, die sie bergen, werden in der Gegenwart vielfach als Orte für nervenstarke Touristen und Touristinnen verstanden. In ihrer Blütezeit waren sie jedoch wertvolle Objekte, die Familien und Gemeinschaften näher zusammenbrachten. Das Bemalen von Schädeldecken war eine Geste der Liebe und Ehrerbietung, die nicht nur das Vermächtnis der Verstorbenen sicherstellte, sondern auch eine Brücke zwischen den Generationen schlagen konnte. Typischerweise wurden Kinder von ihren Eltern ins Beinhaus gebracht, um die Schädel der Verwandtschaft oder wichtiger Gemeindemitglieder zu betrachten und sich mit alten Geschichten über die besagten Personen zu unterhalten.[1] Die Schädel dienten also als Zeitzeugen der lokalen Geschichte und waren somit ein grosser Teil der Sepulkralkultur in den Dörfern und Städten des späten 18. bis hin zum 20. Jahrhundert.

Die bemalten Schädel vom Berg Athos

Die Ursprünge der Tradition des Schädelbemalens liegen nicht in Mitteleuropa. Die Dekoration von Totenschädeln war, bevor sie in die alpinen Regionen gelangte, eine lang bewährte Praxis in verschiedenen christlichen Gebieten der Welt. Besonders in griechischen Klöstern hat das Bemalen von Schädeln eine lange währende Tradition. Es lassen sich heute noch Sammlungen dekorierter Schädel in Griechenland und Zypern finden. Diese Klöster waren meist kleine, geschlossene Gemeinschaften mit begrenzten Platzverhältnissen. Der klostereigene Friedhof barg oft nur Platz für zehn oder sogar noch weniger Gräber. Um diesen engen Raum bestmöglich zu nutzen, mussten die Gräber schon nach kurzer Zeit ausgehoben und neu vergeben werden. Viele der griechischen Klöster pflegten deshalb die Tradition von Beinhäusern, lange bevor diese Art der Knochenaufbewahrung in anderen Teilen Europas übernommen wurde. Die sterblichen Überreste wurden in speziellen, den Totenkapellen angrenzenden Räumen gesammelt und gelagert. Der Hauptgrund für die Aufbewahrung der Knochen von Verstorbenen war der weitverbreitete Glauben an eine untrennbare Verbindung von Körper und Seele. Diese Bindung wurde als so stark erachtet, dass die Seele nicht ohne den Körper existieren könne. Knochen standen, so das Konzept, in einer sympathetischen Relation zur Seele.[2]

Bevor die Tradition der Schädelbemalung nach Mitteleuropa kam, war sie bereits in verschiedenen christlichen Gebieten der Welt eine bewährte Praxis.

Um einen ununterbrochenen Übergang zwischen Leben und Tod zu gewährleisten, wurden postmortale Rituale entwickelt, die sich häufig um den Schädel des Verstorbenen drehten. Exhumierte Knochen wurden beispielsweise mit Wein gewaschen. Die Farbe sowie der Glanz des Schädels wurden untersucht und als Indikator für das Schicksal des Verstorbenen nach dem Tod gedeutet. In bestimmten Klöstern gab es die Überzeugung, dass die Heiligkeit einer Person an der Farbe und dem Glanz des Schädels ermittelt werden könne: je weisser und glänzender der Knochen, desto heiliger die Person.[3] In anderen Klöstern hingegen wurde ein gold- oder bernsteinfarbener Schädel bevorzugt. Weitere Untersuchungen am Totenkopf beinhalteten das Deuten von an der Schädeloberfläche vorhandenen Mustern oder Nähten, die an religiöse Symbole erinnern und so den Träger als ehrwürdig oder heilig zu erkennen gaben. Es ist also nicht verwunderlich, dass orthodoxe Klöster die Schädel der Verstorbenen ehrten, indem sie direkt auf den Knochen Bemalungen anbrachten. Diese Praxis wird in Griechenland auch heute noch angewandt. Das russisch-ukrainische Kloster St. Panteleimon auf dem Berg Athos besitzt eine Schädelsammlung, die bezüglich ihrer Grösse sogar der in Hallstatt Konkurrenz macht.[4]

Abb. 6: Einige der bemalten Schädel auf dem Berg Athos. © Paul Koudounaris.

Die in der orthodoxen Tradition üblichen Verzierungen waren einfach gehalten. Typischerweise wurden die Schädeldecken nur mit dem Namen des Verstorbenen bemalt (Abb. 6). Ganze Zeichnungen und symbolische Dekorationen, wie sie in Hallstatt oder Dingolfing zu finden sind, kommen nur selten vor. Die Priorität der griechischen Mönche lag auf der Bewahrung des Andenkens an die Toten und auf der Möglichkeit einer späteren Identifikation der sterblichen Überreste, etwa von heiligen Personen – was besonders bei einer späteren Heiligsprechung von grosser Relevanz war.

Reisende aus anderen Teilen Europas berichten erstmals im 17. Jahrhundert von bemalten Schädeln auf dem Berg Athos.[5] Die athonitischen Klöster waren geschlossene Gemeinschaften, der Zutritt zu diesen Zentren der Spiritualität war nur orthodoxen Pilgern offen. Die wenigen Reisenden aus Mitteleuropa, denen dennoch Einsicht gewährt wurde, erhielten also erst relativ spät einen Blick auf die schon länger anhaltende Tradition der Schädelbemalung. Belege, die von bemalten Schädeln auf dem Berg Athos berichten, sind bis ins 19. Jahrhundert anzutreffen.[6]

Schädelbemalung als Ausdruck von sozialem Prestige

Während des 19. Jahrhunderts wurde die Praxis der Schädelverzierung schliesslich auch in den Kirchgemeinden in Deutschland, Österreich und der Schweiz durchgeführt. Aufgrund der aufgemalten Jahreszahlen in Hallstatt lassen sich die Anfänge der Bemalung in Mitteleuropa auf das letzte Drittel des 18. Jahrhunderts datieren. Die Schädel in Eschenbach stechen in dieser Hinsicht hervor, da sie ältere Jahreszahlen tragen. Es sind dort Schädel mit Todesdaten um die Mitte des 17. Jahrhunderts zu finden. Diese Angaben müssen jedoch mit Vorsicht genossen werden, da es wahrscheinlich ist, dass diese erst rund 200 Jahre später exhumiert und bemalt wurden – und zwar zu einer Zeit, als die Schädelbemalung bereits etabliert war und regelmässig angewandt wurde.

Die Individualisierung von Schädeln stellt eine radikale Veränderung in der Einstellung gegenüber den Gebeinen in den lokalen Ossarien dar. Beinhäuser waren bisher mit einer öffentlichen *memento mori*-Aussage in Verbindung gebracht worden: Im späten Mittelalter wurde von der Kirche damit begonnen, Fenster in Beinhäuser einzubauen und so sterbliche Überreste für Passanten und Passantinnen sichtbar auszustellen, um an die Vergänglichkeit des Lebens zu erinnern. Die Knochen waren keiner bestimmten Person zuzuordnen, der Tod wurde anonymisiert dargestellt. Diese Anonymisierung der Toten betonte die Wertlosigkeit von weltlichen Reichtümern, Leistungen und Eitelkeiten, da die betroffene Person diese nicht ins Jenseits mitnehmen konnte. Die ursprüngliche Idee der Beinhäuser propagierte ein demokratisches Bild der Gleichheit nach dem Tod.[7] Die Bemalung der Schädel hat diese Idee auf eine innovative Art erweitert. Die Anonymität des Todes wurde durch die Individualisierung einzelner Schädel ersetzt. Damit wurde eine im Leben vorherrschende Hierarchie gespiegelt und ihre Gültigkeit auf die Existenz nach dem Tod übertragen. Die Verstorbenen konnten ihre Position in der sozialen Hierarchie genauso beibehalten wie ihre Ehrentitel und ihren Stand in der Familie. Jean Baudrillard folgend, kann die Schädelbemalung als moderner Impuls verstanden werden, der zum Ziel hatte, den weltlichen Status und die individuelle Identität einer Person zu erhalten, um einem an symbolischer Bedeutung verlierenden Konzept des Todes zu entgehen.[8] In Hallstatt etwa sind von sämtlichen Schädeln nur ein kleiner Teil bemalt worden, sodass in dieser Hinsicht von einer Hierarchisierung gesprochen werden kann. Die akkurateste Zählung von 1952 hat gezeigt, dass von den damals 2200 vorhandenen Schädeln 1500 nicht bemalt wurden. Älteren Schätzungen zufolge soll die Zahl der unbemalten Kranien sogar noch höher gewesen sein.[9] Grob geschätzt kann davon ausgegangen werden, dass zwischen einem Sechstel und einem Drittel aller Schädel bemalt sind. In anderen Beinhäusern finden sich bedeutend weniger dekorierte Exemplare. Der genannten Untersuchung von Hallstatt zufolge sind männliche Schädel häufiger bemalt als solche von Frauen. Das Verhältnis beträgt hier rund drei zu zwei.[10] Diese Faktoren tragen – neben den bereits erwähnten Gründen – weiter zur Annahme bei, dass eine Bemalung und Ausstellung des Schädels im Beinhaus nach dem Tod durchaus ein Symbol von Ehre und Status war.

Die Individualisierung der Schädel durch Bemalung stellt eine radikale Veränderung in der Einstellung gegenüber den Gebeinen dar.

Gebete für die Armenseelen im Fegefeuer

Soziales Prestige als alleinigen Grund für die Praxis der Schädelbemalung zu nennen, wäre jedoch unzureichend. Zur Zeit des Aufkommens der Schädelverzierung im mitteleuropäischen Raum scheint auch das Interesse am «Zwischenzustand» der Seele im Fegefeuer zuzunehmen. Gemäss römisch-katholischer Vorstellung helfen Fürbittengebete der Lebenden, das Leid der Armenseelen im Fegefeuer zu verkürzen. Beinhäuser werden, da ein Zusammenhang von Armenseelen und ihren materiellen Überresten hergestellt wurde, manchmal auch als «Seelenkammer» oder «Seelenkapelle» bezeichnet. In Dingolfing wird diese Verbindung zwischen dem Purgatorium und den bemalten Schädeln visuell besonders prägnant dargestellt.[11] Das dortige Ossarium, das auf dem alten Friedhof der Kirche erbaut ist, war Treffpunkt für eine Bruderschaft, die den Seelen im Fegefeuer gewidmet war. Das Zentrum des Beinhauses bildet die theatralische Darstellung der ausgestellten Schädel, die in Doppelreihen in zwei vergitterten Fenstern links und rechts von einer Kreuzigungsdarstellung zu finden sind (Abb. 7). Über und unter diesen Fenstern befinden sich grossformatige Malereien, die die Reise der Menschen nach ihrem Tod darstellen. Dieser Weg beginnt mit dem Tod, geht über das Jüngste Gericht bis hin zu dramatischen Darstellungen von Himmel und Hölle. Die zentral platzierten Schädel repräsentieren die Gemeindemitglieder, die im Fegefeuer weilen.

Die Verstorbenen können anhand der aufgemalten Namen klar identifiziert werden, was die Szenerie umso persönlicher macht. Diese explizite Darstellung soll daran erinnern, dass das Schicksal der dort präsentierten

Abb. 7: Die Schädel im Beinhaus von Dingolfing, eingebettet in Darstellungen der Reise des Menschen nach dem Tod. Dazwischen ein imposantes Kruzifix. © Paul Koudounaris.

Toten noch nicht entschieden ist und die Lebenden für sie beten sollen. Damit wird die Erinnerung an verstorbene Familienmitglieder erhalten und den Seelen Beistand aus dem Reich der Lebenden gewährt. Es überrascht nicht, dass in Dingolfing jeweils am 1. und 2. November, also an Allerheiligen bzw. Allerseelen, die Erinnerung an die Toten im Beinhaus begangen wurde. Zweifellos wurden auch in verschiedenen anderen Karnern mit bemalten Schädeln an diesen Tagen rege Gebete für die Toten gesprochen.

Die Verbreitung bemalter Schädel

Die Kunst der Schädelbemalung war im 19. Jahrhundert beliebt genug, um eine eigene Profession umherziehender Künstler entstehen zu lassen. Diese zogen von Dorf zu Dorf, um die dort vorhandenen Totenköpfe zu verzieren. Normalerweise wurde ein Schädel ungefähr eine Dekade nach der Beerdigung wieder ausgegraben und gewaschen, um ihn für den Aufenthalt im Beinhaus vorzubereiten. Das danach vorgenommene Bemalen wurde in den Dörfern zwar meistens vom lokalen Totengräber übernommen. Falls sich aber die Gelegenheit für eine qualitativ hochwertigere Arbeit ergab, wurden die Schädel aufbewahrt, bis ein Künstler ins Dorf kam.

Trotz der Existenz solch professioneller Schädelbemaler stellt sich die Frage, wie verbreitet der Trend der Kraniendekoration überhaupt war.

Abb. 8: Die dekorierten Schädel im Beinhaus von Rott am Inn, Deutschland. © Paul Koudounaris.

Da lediglich eine überschaubare Anzahl an Artefakten die Zeit überlebt hat, gibt es nur an den wenigen Hauptorten wie Hallstatt, Dingolfing oder Eschenbach noch grössere Mengen bemalter Schädel. Dennoch finden sich auch andernorts Spuren von kleineren und grösseren Sammlungen, beispielsweise in den bayrischen Städten Greding oder Rott am Inn. Die dort noch vorhandenen Totenschädel sind leider mehrheitlich in einem desolaten Zustand (Abb. 8). Weiter östlich wurden in Böhmen, im Dörfchen von Krtiny in der Tschechischen Republik, fünf gut erhaltene Schädel in der Ruine eines Beinhauses unter der Wallfahrtskirche der Jungfrau Maria gefunden (Abb. 9).[12]

Abb. 9: Einer der bemalten Schädel aus dem Beinhaus von Krtiny, Tschechien. © Paul Koudounaris.

Besonders wertvoll für die Recherche sind schriftliche Berichte über alte Sammlungen, die den Wandel der Zeit nicht überdauert haben.[13] Die Analyse solcher Erwähnungen macht deutlich, dass die Tradition der Schädelbemalung in Österreich am weitesten verbreitet war. Mehrere Quellen des 19. Jahrhunderts dokumentieren Beinhäuser mit beschrifteten Schädeln an verschiedenen Orten im Tirol, der Steiermark und Oberösterreich. Einige sprechen vom eindrucksvollen Bild der Ossarien, so etwa in Eggelsberg. An diesem Ort sollen 100 bemalte Schädel, die mit goldenen Kronen und golden oder grün ausgemalten Augenhöhlen verziert waren, zu finden gewesen sein. Diese Schädel wurden offenbar auf hölzernen Gestellen aufgestellt, so dass sie den Besuchern und Besucherinnen des Beinhauses direkt ge-

genüberstanden. Auch im Paznauntal im Tirol soll es eine grosse Anzahl mit goldenen Blätterkronen bemalter Schädel gegeben haben. Einige davon befinden sich heute z. B. im Anatomischen Museum der Medizinischen Universität Innsbruck. Entlang des Flusses von Salznach ist hingegen von mit Silberfarbe und schwarzer Schrift bemalten Schädeln die Rede. In der Umgebung von Salzburg finden sich ebenfalls Erwähnungen von bemalten Schädeln, die jedoch nicht mit den Namen der Verstorbenen, sondern mit klassischen *memento mori*-Sprüchen wie «War ich schön oder hässlich?» – «Ward ich geliebt oder verachtet?» – «War ich reich oder arm?» verziert worden waren.[14]

Abb. 10: Die Schädelkisten auf dem St.-Hilaire-Friedhof in Marville, Frankreich. © Paul Koudounaris.

Die dekorative Bemalung der Schädel war nur eine der vielen Möglichkeiten, diesen ein individuelles Aussehen zu verleihen.[15] Im oben bereits erwähnten Eggelsberg wird von einem Frauenschädel berichtet, der die Knochen einer Hand mit einem schwarzen Riemen am Schädel befestigt hatte. Diese knöcherne Hand bedeckte dabei das Gesicht des Schädels. Im Emmetten in der Schweiz wird von einer ortsansässigen Tradition berichtet, bei der die Schädel mit Bändern und Familienemblemen oder -wappen dekoriert wurden. Andernorts wurden Schnüre um die Backenknochen gebunden, wobei bei jedem Gebet für den Verstorbenen ein Knopf in die Schnur gemacht wurde (siehe Seite 64, Abb. 3). Durch das Zählen der Anzahl von Knoten konnte auf raffinierte Weise sichergestellt werden, dass die Lebenden auch wirklich für die Armenseelen im Fegefeuer beten. Eine weitere Möglichkeit zur Individualisierung der Schädel war, diese in schreinartige, mit dem Namen des oder der Verstorbenen versehene Holzkisten zu stellen. Von solchen Kisten wird in der Nähe von Salzburg wie auch in Frankreich und sogar weiter weg in Grossbritannien berichtet (Abb. 10).[16]

Schädeltausch und Aberglauben

Zu Beginn des 20. Jahrhunderts gab es immer noch Gemeinden, die die Schädel ihrer Verstorbenen bemalten, beispielsweise in Hallstatt und Dingolfing. Allerdings wurde die Schädelbemalung auch in diesen Hochburgen der Kraniendekoration im Laufe des 20. Jahrhunderts zu einem selten gewordenen Ritual.[17] In der Schweiz war die Praxis, Todesdaten der Verstorbenen auf dem Schädel zu vermerken, dagegen eher selten. Auch neue Zweitbestattungen von Gebeinen in Beinhäusern können seit dem 20. Jahrhundert kaum mehr beobachtet werden. Das Bemalen von Kranien verlor also im Laufe der Zeit an Bedeutung. In Hallstatt mag das Aufgeben der Schädelbemalungspraxis möglicherweise sogar einen Vorteil mit sich gebracht haben: Der italienische Schriftsteller und Dichter Massimo Bontempelli hat Hallstatt um 1910 besucht und berichtet von der Sitte, Schädel zu bemalen. Zusätzlich zu dieser Beobachtung schildert er eine Geschichte, die, falls sie sich als wahr herausstellen sollte, eine bizarre Enthüllung wäre. Seinen Ausführungen zufolge wurden die Namen der Verstorbenen zu dieser Zeit nicht zwangsläufig auf die richtigen Schädel gezeichnet.[18] Bontempelli behauptet, den damaligen Schädelmaler zu den vorhandenen Totenköpfen befragt zu haben. Dieser, ein Gärtner, der sein Einkommen mit der Malerei etwas aufbessern wollte, soll gestanden haben, die Schädel von Leuten, die nicht besonders in seiner Gunst standen, manchmal vertauscht zu haben. Als Beispiel führte er einen ehemaligen Bürgermeister an, dessen Schädel er mit einem Frauenschädel ausgewechselt und so dessen Namen absichtlich falsch angebracht habe. Als ob diese Enthüllung nicht skandalös genug wäre, führt Bontempelli weiter aus, dass der Gärtner sogar einen Schädel mit perfekter Farbe und besonders schönem Aussehen für sich selbst ausgesucht haben soll. Dieser soll von ihm bereits mit seinem eigenen Namen und Geburtsdatum bemalt worden sein. Diese Bemalung musste nach seinem Dahinscheiden nur noch von einem Eingeweihten mit dem Todesdatum ergänzt werden, und der Maler wäre dann für immer mit einem perfekten Schädel im Beinhaus präsent gewesen.[19]

Im Laufe des 20. Jahrhunderts nahm die Praxis der Schädelbemalung stetig ab.

Falls dieser Bericht von Bontempelli der Wahrheit entspricht, stellt er möglicherweise ein angemessenes Zeugnis vom Ende der Tradition der Schädelverzierung dar, da sich diese sogar an einem Ort wie Hallstatt zu einer dekadenten Praxis entwickelt hatte. Viele Gemeinden hatten zu dieser Zeit auch bereits mit der Schädelbemalung aufgehört und begannen, die verzierten Totenköpfe aus ihren Beinhäusern zu entfernen. Kirchen und andere Institutionen fürchteten, mit solchen Sammlungen einen zu makabren und der modernen Zeit nicht mehr entsprechenden Eindruck bei Besuchern und Besucherinnen zu hinterlassen. Ein zusätzlicher Anstoss, die Schädelsammlungen aufzulösen, war der Wunsch, volkstümlichen Aberglauben und mit menschlichen Knochen verbundene Magie auszumerzen. Speziellen Schädeln wurden seit jeher heilende Fähigkeiten angedichtet, während andere bei materiellen Wünschen behilflich sein sollten. Gebete und verschiedene sonderbare Rituale sollen damals ausgeführt worden sein, um diese Kräfte zu beschwören.[20] Eine weit verbreitete Meinung war, dass Schädel die Lotteriezahlen vorherbestimmen können. Um dieses Wissen zu erlangen, gab es einige ziemlich eigenartige Methoden. In den österreichischen Orten Maria Worth und Adriach wurden Schädel gefunden, auf denen Zahlen von 1 bis 90 aufgezeichnet waren (Abb. 11).[21] Es ist bestimmt kein Zufall, dass in der ansässigen Lotterie ebenfalls 90 Zahlen vorhanden waren. Von den mit Ziffern verzierten Schädeln wurde erwartet, dass sie die Gewinnzahlen durch geheime Hinweise zu erkennen geben. Einer weiteren Methode zu Folge wurden sämtliche 90 Lotteriezahlen auf die Tür des Beinhauses gezeichnet und anschliessend zu den Schädeln gebetet. Bei korrekter Ausführung des Rituals, so die Idee, würden die Seelen der Verstorbenen die gewinnbringenden Zahlen identifizieren und in magischer Weise von der Tür entfernen.

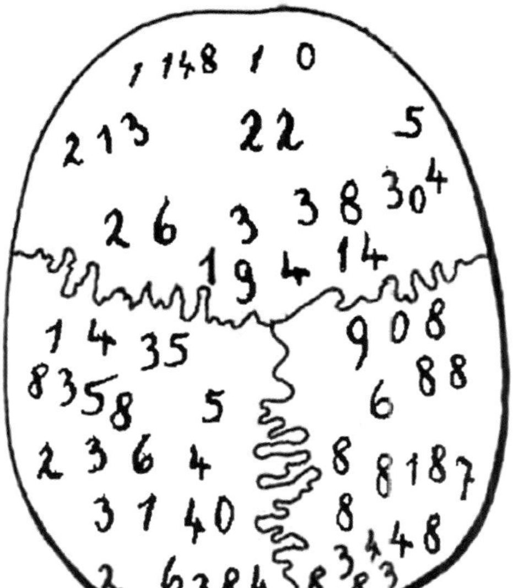

Abb. 11:
Ein Schädel mit aufgemalten Lotterienummern aus Kärnten, Österreich.

Solche abergläubischen Praktiken blicken auf eine langwährende Geschichte zurück; sie wurden jedoch spätestens seit dem Beginn des 20. Jahrhunderts von den kirchlichen Autoritäten nicht mehr toleriert. Aus Sicht der kirchlichen Vertreter waren solche volkstümlichen Handlungen nicht nur despektierlich den Toten gegenüber, sondern auch ketzerisch, da aus den

Schädeln anzubetende Idole geschaffen wurden. Die Kirche begann die Beinhäuser zu räumen; die Schädel wurden üblicherweise auf dem Friedhof, aus dem sie entfernt wurden, begraben.

Bemalte Schädel sind deshalb vor allem in der Schweiz zu einer Seltenheit geworden. Die verbleichten Beschriftungen in Stans oder Wolfenschiessen sowie die 45 Schädel in Eschenbach haben die Zeit unbeschadet überlebt und bieten deshalb ein wertvolles Fenster in die Vergangenheit. Ihre individuellen Geschichten mögen vergessen sein, aber ihre Namen blieben erhalten. Sie sind so zu einem Symbol eines einst geliebten Gemeindemitglieds und zu einem Teil der Dorf- und Landesgeschichte geworden. Darüber hinaus zeugen sie von einer vergangenen Handwerks- und Kunsttradition, und sind so eingebettet in eine (fast) vergessene Geschichte Europas.

Übersetzung aus dem Englischen: Yves Müller

ANMERKUNGEN

1 Sjovold 1995, 247; Zuckerkandl 1883, 89–118.

2 Siehe Constas 2007. Vielen Dank an Nicholas Constas, den höchsten Vater des Simonopetra Klosters auf dem Berg Athos. Er hat mir netterweise eine Kopie seines Aufsatzes zur Verfügung gestellt und mich mit vielen hilfreichen Informationen über die gegenwärtigen und historischen athonitischen Praktiken im Umgang mit Schädeln und der Verehrung der Toten versorgt.

3 Riley 1887, 280.

4 Die Sammlung bemalter Schädel in St. Panteilemon ist eine der eindrucksvollsten in Europa. Die qualitative hochwertigste Schädelbemalung des Berges Athos ist dort zu sehen. Allerdings ist der gegenwärtige Abt der Meinung, dass Gott das Fotografieren auf dem Gelände des Klosters nicht gutheisse. Ich habe mich diesem Wunsch gefügt und werde im vorliegenden Aufsatz keine Bilder der Kapelle von St. Panteleimon zeigen.

5 Siehe zum Beispiel: Georgirenes 1678, 111.

6 Siehe zum Beispiel: Riley 1887, 280; Walton 1888, 226.

7 Für weitere Informationen über die frühe Geschichte von Beinhäusern siehe: Koudounaris 2011, 18–24.

8 Siehe Baudrillard 1995, v. a. 126–27.

9 Siehe Sjovold 1995, 247; Koudounaris 2011, 102.

10 Dieses Missverhältnis basiert nicht nur auf dem höheren sozialen Status von Männern, sondern auch auf der Tendenz, dass Frauen ihre Ehemänner überlebten. Die Sorge um die Bemalung fiel in diesem Fall der Witwe zu, während die Verantwortung für den Schädel der verstorbenen Witwe in den Händen von Kindern oder anderen Verwandten lag, die möglicherweise weniger Aufwand betrieben, um den Schädel dekorieren zu lassen. Siehe Sjovold 1995, 253.

11 Für weitere Informationen zum Beinhaus in Dingolfing siehe: Koudounaris 2011, 131; 137.

12 Für Informationen zum Ossarium in Krtiny: Koudounaris 2011, 187.

13 Der wichtigste davon ist Andree-Eysn 1910, v. a. 147–155. Weitere Informationen sind zu finden in: Zuckerkandl 1883 sowie in einem kürzeren Aufsatz, den er später verfasst hat und in dem auch Illustrationen zu finden sind: Zuckerkandl 1896.

14 Siehe: Andree-Eysn 1910, 150.

15 Andree-Eysn 1910, 147–155.

16 Für Informationen zu österreichischen Schädelkisten siehe: Andree-Eysn 1910, 147–155; für französische Schädelkisten: Koudounaris 2011, 18; 101–102. Der Ort mit den meisten Schädelkisten war der historische Friedhof St. Hilaire in Marville. Dort wurde auch das Bild im vorliegenden Aufsatz sowie in meinem Buch *The Empire of Death* aufgenommen. Leider wurden die dort noch erhaltenen Schädelkisten und ihr Arrangement 2012 durch einen Vandalenakt massiv beschädigt.

17 Bei Hallstatt handelt es sich um eine einmalige Situation; neu bemalte Schädel wurden noch in den 1990er Jahren in die Sammlung integriert, beispielsweise derjenige einer ansässigen Frau, die in ihrem Testament verfügt hatte, dass ihr Schädel nach ihrem Tod bemalt und ins Beinhaus gestellt werden sollte. Auch heute ist es noch möglich, den eigenen Schädel bemalen zu lassen, aber dafür werden ein testamentarischer Vermerk sowie die Erlaubnis der lokalen Kirche benötigt. Die immense Sammlung von Hallstatt wurde nie auseinandergerissen. Heute scheint ihre Zukunft gesichert zu sein – jedoch nicht als ein spiritueller Ort, sondern als makabre Attraktion für Touristinnen und Touristen.

18 Massimo Bontempelli hat Hallstatt vermutlich in den späten 1910er Jahren besucht. Er veröffentlichte einen Essay über das Beinhaus im Jahr 1925 unter dem Titel *Pittura su cranio* in *La donna dei miei sogni e altre avventure moderne*, erhältlich in Englisch unter dem Titel *Pictures on Skulls* im Sammelband *Italian Short Stories; From the 13th to the 20th Centuries* (New York: 1932), 289–295. Ich erwähne diese bizarre Geschichte mit der ausdrücklichen Warnung, dass es unmöglich ist, die Echtheit und die Authentizität dieser Anschuldigungen zu verifizieren. Den Schriften von Bontempelli zufolge hat sich der Maler ihm nur anvertraut, weil der Reisende ein Ausländer war, der im Begriff war, sogleich wieder in sein Heimatland zurückzukehren. So konnte sichergestellt werden, dass er diese heiklen Informationen niemandem in Hallstatt weitergeben konnte. Bontempelli war, wie erwähnt, ein Schriftsteller, und es ist dementsprechend durchaus möglich, dass er gewisse Details der Geschichte erfunden hat, um diese schockierender zu machen, als sie wirklich waren. Das Portrait, das Bontempelli vom Maler zeichnet, stellt den Mann als geistesgestört, wenn nicht sogar wahnsinnig dar, was die Glaubwürdigkeit seiner Aussagen nicht unbedingt unterstreicht. Trotz dieser Zweifel können Teile der Geschichte als wahr nachgewiesen werden. Beispielsweise ist bewiesen, dass Bontempelli das Beinhaus in Hallstatt besucht hat. Seine Beschreibung des Ortes erweist sich als detailliert und korrekt. Bontempelli erwähnt unter anderem ein grosses Buch in der Mitte des Gestells und beschreibt einige Schädel, so wie sie auch heute noch zu finden sind. Er erwähnt einen Todenschädel mit einer aufgezeichneten Schlange, der heute noch zentral platziert im Beinhaus zu sehen ist. Leider werden zu wenige Informationen (wie beispielsweise der Name des Malers) erwähnt, um den Maler zu identifizieren und seiner These eine gewisse Glaubwürdigkeit zu verleihen. Es liegt also im Ermessen des Lesers und der Leserin, zu entscheiden, ob dieser Geschichte Glauben geschenkt werden kann oder ob sie frei erfunden ist.

19 Bontempelli 1932, 293f.

20 Für Informationen zu diesen Schädeln und den damit verbundenen abergläubischen Praktiken siehe: Andree-Eysn 1910, v. a. 147–155.

21 Die mit Ziffern versehenen Schädel werden auch erwähnt bei Zuckerkandl 1896, 80f.

BILDNACHWEISE

Abb. 1–10: Fotos © Paul Koudounaris.

Abb. 11: Abbildung aus: Andree-Eysn 1910, 151, Fig. 124.

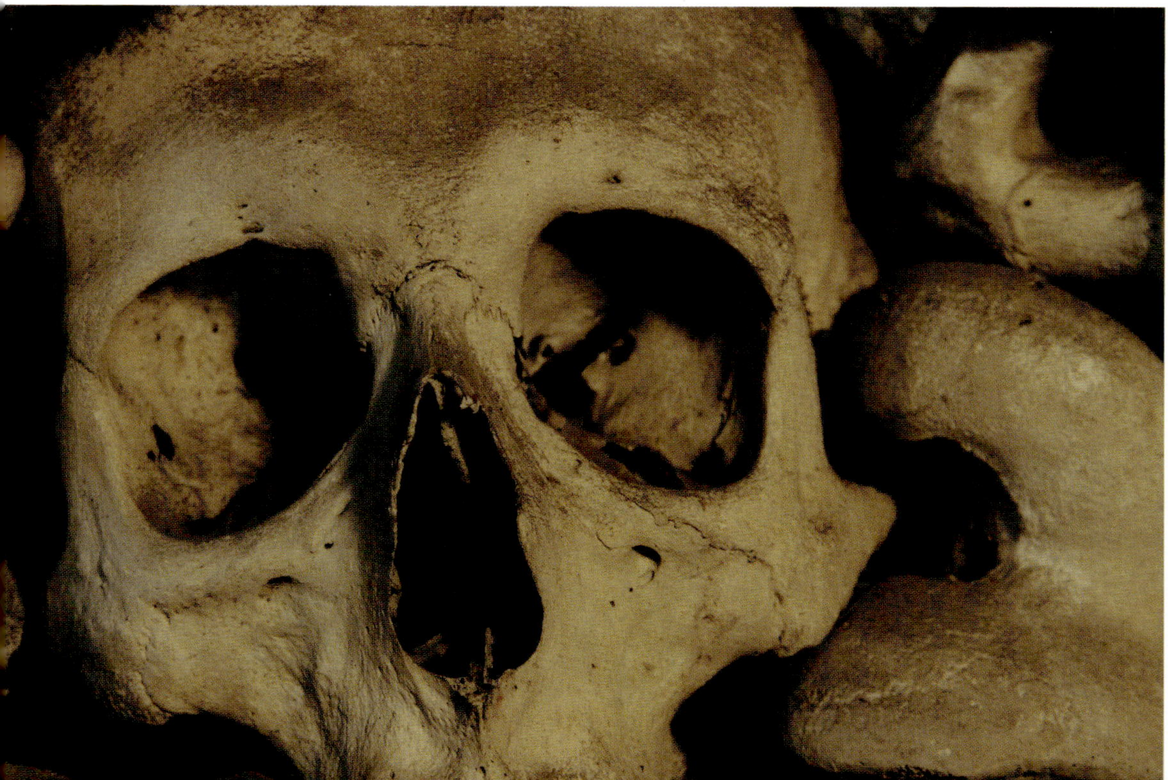

JEU VEGN

Nachwort

Im Bündnerischen Vrin wird die Geschichte eines Bräutigams erzählt, der in der Nacht seiner Hochzeit einige verspätete Gäste abholen wollte.[1] Er nahm dazu die Abkürzung über den Friedhof, am Beinhaus vorbei. Dort lag neben dem Beinhaus ein Schädel am Boden. Der Bräutigam stolperte über ihn und lud ihn im Übermut zu seiner Hochzeit ein. «Gie, jeu vegn [Ja, ich komme]!» soll der Totenschädel geantwortet haben. Sie gingen also und kamen in eine Kirche. Dort brannten auf dem Gestühl Tausende von Kerzen. Der Schädel erklärte, dass jede Kerze für ein Menschenleben stünde und zeigte dem Bräutigam dessen Kerze, die bereits zu drei Vierteln niedergebrannt war. Der Bräutigam fiel vor Schreck in Ohnmacht. Als er wieder aufwachte, befand er sich wieder auf dem Friedhof; der sprechende Totenschädel war weg. Der junge Mann wollte nach Hause, doch er fand sich in einer fremden

Abb. 1:
Der Schädelfries am Beinhaus von Vrin, Graubünden.

Welt und Zeit wieder. Unterdessen waren mehr als 80 Jahre vergangen und niemand kannte ihn mehr.

Diese Geschichte kann, zumindest in Teilen, durchaus als Metapher für unsere Reisen zu den Beinhäusern der Schweiz gelesen werden. Am Anfang unseres Projektes stolperten wir über die Ossarien wie der Bräutigam über den Schädel in Vrin. Die Beinhäuser waren da und uns ein Rätsel – wir liessen uns auf sie ein, ohne genau zu wissen, was uns erwartete. Zu Beginn standen also die Faszination für diese Überreste einer längst vergangenen Tradition und eine grosse Portion Neugier. Wir wollten wissen, was Beinhäuser bedeutet hatten und was heute damit verbunden wird. Dabei erhielten wir Einblick in ein Denken, das man aus heutiger Perspektive zwar rekonstruieren, aber nie wirklich nachvollziehen kann: Beinhäuser basieren auf der Idee der materiellen Verbindung mit den Verstorbenen. Tote galten als lebendig. Man konnte mit ihnen interagieren, was in Beinhäusern zum Teil opulent inszeniert wurde. Alte Bilder der Ausstattung von Beinhäusern weisen deshalb eine ganz eigene Ästhetik auf, wirken für uns heute üppig und/oder überfüllt (Abb. 2). Wie der Bräutigam in der obigen Erzählung wurden auch wir in eine lebendige und sinnliche Welt des Todes entführt.

Beinhäuser basieren auf der Idee einer materiellen Verbindung mit den Toten.

Abb. 2:
Das Beinhaus von Vrin, Graubünden, wie es sich innen in den 1940er Jahren präsentierte. Rechts steht eine Totenbahre.

Abb. 3 a und b:
Zwei Beinhäuser,
die nicht mehr im
religiösen Sinn
benutzt werden.

Beinhäuser zeugen von Traditionen im Umgang mit dem Tod, die je nach Kontext, je nach Bevölkerung, nach Raum und Zeit unterschiedliche pragmatische Funktionen und verschiedene religiöse Erwartungen erfüllen mussten. Ossarien und die darin gelagerten Gebeine sind insofern nicht einfach nur «totes» Kulturgut, sondern Zeugnisse einer schillernden Religionsgeschichte, die bis in heutige Zeit reicht und auch einen Teil der gegenwärtigen Schweiz bildet. Um sie ranken sich zahlreiche Geschichten und Bräuche, aber auch facettenreiche Erinnerungen und Gefühle. Die Begegnung mit dem «Tod» veränderte nicht nur den Bräutigam aus Vrin, sondern auch uns.

Beinhäuser ermöglichen es, über das eigene Verhältnis zum Tod nachzudenken.

Wir möchten dieses Buch deshalb mit einem Plädoyer für den Erhalt der wenigen noch mit Gebeinen bestückten Ossarien der Schweiz schliessen. Die Umnutzung von Beinhäusern und das Wiederbestatten der darin ausgestellten Knochen sind moderne Praktiken, die – leider – auch in jüngerer Zeit noch getätigt wurden. «Geschichte» aufzuräumen und das, was uns daran irritiert, wegzuwerfen, mag ein beruhigendes Gefühl hinterlassen. Es hat jedoch wenig mit einem wirklichen Interesse an historischen Begebenheiten zu tun, sondern sagt viel über die heutige Welt und ihre Einstellung zum Tod aus.

Abb. 4 a und b: Eine für die Toten brennende Kerze im Beinhaus von Steinen, Schwyz, und die gebrauchten Kerzen im Karner von Wildschönau-Thierbach, Österreich, zeugen davon, dass die Beinhäuser auch heute noch religiös verwendet werden.

Wir möchten die Lesenden deshalb dazu auffordern, sich auch nach der Lektüre dieses Buchs weiter mit Beinhäusern auseinanderzusetzen. Besuchen Sie einige davon und setzen Sie sich für den Erhalt der wenigen noch vorhandenen, traditionell genutzten Beinhäuser ein. Die Welt, die es dort zu entdecken gibt, enthüllt nicht nur einen facettenreichen Teil der europäischen Religionsgeschichte, sondern ermöglicht es auch, über das eigene Verhältnis zum Tod und zu den Toten nachzudenken.

ANMERKUNG

1 Siehe Büchli 1966, 449f. Eine andere Version derselben Geschichte ist zu lesen bei Caminada 1918, 14ff.

BILDNACHWEIS

Abb. 2: Foto © Max Wydler / Fotostiftung Schweiz, Nr. 2000.55.018.

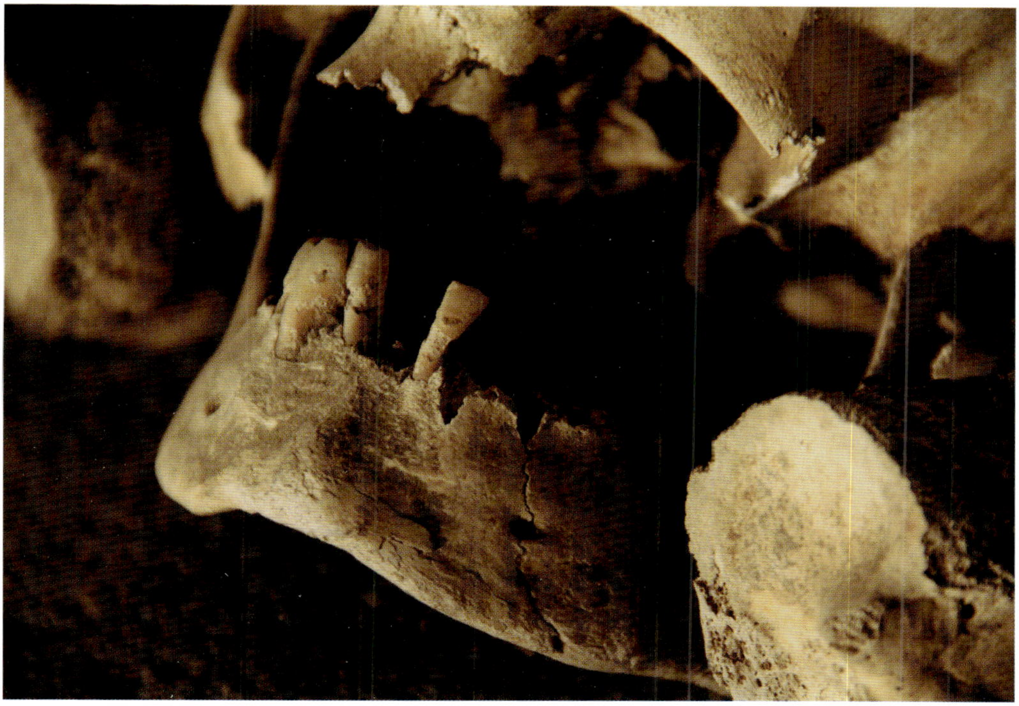

Anatomisches Museum Innsbruck: http://www.anatomie-innsbruck.at/museum.html (8.4.2015).

Andree-Eysn, Marie, 1910, Volkskundliches aus dem bayrisch-österreichischen Alpengebiet, Braunschweig: Verlag von Friedrich Vieweg und Sohn.

Ariès, Philippe, 1980, Geschichte des Todes, München: Hanser.

Assmann, Aleida, 2006, Erinnerungsräume. Formen und Wandlungen des kulturellen Gedächtnisses, München: Beck.

Baudrillard, Jean, 1995, Symbolic Exchange and Death, trans. by Iain Hamilton Grant, London: Sage.

Bellwald, Werner, 2015, Ein Raum mit Rätseln – Leuk und sein Beinhaus, in: Walliser Vereinigung für kulturhistorische Forschungen (Hg.), Blickpunkt Leuk 515–2015, Visp: Rotten Verlags AG.

Bergmann, Ute, 1992, Kirchbühl bei Sempach, Bern: Gesellschaft für Schweizerische Kunstgeschichte.

Blaser, Franz, 1913, Das Beinhaus in Steinen und seine Kunstdenkmäler, Vortrag an der 77. Jahresversammlung des historischen Vereins der V Orte in Steinen, Stans: Paul von Matt & Cie.

Bontempelli, Massimo, 1932, Pictures on Skulls, in: Decio Pettoello, Italian Short Stories. From the 13th to the 20th Centuries, New York: Dent, 289–295.

Büchi, Ernst C., 1942, Die Skelettfunde in der Kapelle des Ritterhauses Bubikon, in: Jahrhefte der Ritterhausgesellschaft Bubikon (RHG), 21–27.

Büchli, Arnold, 1966, Mythologische Landeskunde von Graubünden. Ein Bergvolk erzählt, 2. Teil: Das Gebiet des Rheins vom Badus bis zum Calanda, Aarau: Sauerländer.

Büchli, Arnold, 1989, Mythologische Landeskunde von Graubünden, Ein Bergvolk erzählt, 1. Teil: Fünf Dörfer, Herrschaft, Prättigau, Davos, Schanfigg, Chur, Disentis: Desertina.

Büchli, Arnold, 1990, Mythologische Landeskunde von Graubünden, Ein Bergvolk erzählt, 3. Teil: Die Täler am Hinterrhein, Albulatal, Oberhalbstein, Münstertal, Engadin, Italienisch Bünden, Disentis: Desertina.

Caminada, Christian, 1918, Die Bündner Friedhöfe. Eine kulturhistorische Studie aus Bünden, Zürich: Orell Füssli-Verlag.

Caminada Gion A., 2003, Stiva da morts, Zürich: gta Verlag, ETH Zürich.

Constas, Nicholas, 2007, To Sleep, Perchance to Dream. The Middle State of Souls in Patristic and Byzantine Literature, in: Dumbarton Oaks Papers 55, 97–99.

Curti, Notker, 1947, Volksbrauch und Volksfrömmigkeit im katholischen Kirchenjahr, Basel: Krebs.

Dreier, Rolf Paul, 2010, Der Totentanz – ein Motiv der kirchlichen Kunst als Projektionsfläche für profane Botschaften (1425–1650), Enschede: Ipskam Drukkers.

Durrer, Robert, 1971, Die Kunstdenkmäler des Kantons Unterwalden, Basel: Birkhäuser (Neuaufl. der Erstausg. 1899–1928).

Elsig, Patrick, o. J., L'ancienne église Saint-Maurice de Saxon: https://doc.rero.ch/record/21902/files/I-N-268_1992_11_00.pdf (29.12.2014).

Europäische Totentanz-Vereinigung: http://www.totentanz-online.de/laender.php (9.10.2014).

Georgirenes, Joseph, 1678, A Description of the Present State of Samos, Nicaria, Patmos, and Mt. Athos, trans. by «One that knew the author in Constantinople», London: W. G.

Hauser, Albert, 1994, Von den letzten Dingen. Tod, Begräbnis und Friedhöfe in der Schweiz 1700–1990, Zürich: Verlag NZZ.

Heller, Birgit, 2007, Abwehr oder Solidarität? Zum Umgang mit Sterbenden, Toten und Trauernden, in: Birgit Heller / Franz Winter (Hg.), Tod und Ritual. Interkulturelle Perspektiven zwischen Tradition und Moderne, Wien/Berlin: Lit, 9–26.

Henggeler, Rudolf, 1936, Die Kirchen der Ufnau, in: Jahrbuch vom Zürichsee, 104–110.

Hersche, Peter, 2006, Musse und Verschwendung. Europäische Gesellschaft und Kultur im Barockzeitalter, Freiburg i. Br.: Herder.

Horat, Heinz, 1996, Katalog der Brückenbilder, in: Josef Brülisauer / Caudia Hermann (Hg.), Die Spreuerbrücke in Luzern. Ein barocker Totentanz von europäischer Bedeutung, Luzern: Raeber, 123–269.

Hugener, Rainer, 2012, Erinnerungsort im Wandel. Das Sempacher Schlachtgedenken im Mittelalter und in der Frühen Neuzeit, in: Der Geschichtsfreund. Zeitschrift des Historischen Vereins Zentralschweiz 165, 135–171.

Hugger, Paul, 2002, Meister Tod. Zur Kulturgeschichte des Sterbens in der Schweiz und in Liechtenstein, Zürich: Offizin.

Illi, Martin, 1992, Wohin die Toten gingen. Begräbnis und Kirchhof in der vorindustriellen Stadt, Zürich: Chronos.

Jegerlehner, Johannes, 1985, Walliser Sagen. Ein Heimatbuch für jung und alt, Zürich, Edition Olms. Nachdruck der Ausg. Bern 1959. (Die Sagen erschienen zuerst in der Sammlung «Was die Sennen erzählen» und «Am Herdfeuer der Sennen» 1907 und 1916).

Kälin, Wernerkarl, 1984, Die Pfarrkirche St. Johann in Oberiberg. Festschrift zum Abschluss der Kirchenrenovation 1983/1984, Einsiedeln: o. V.

Katholische Kirchgemeinde Falera (Hg.), 1999, Falera – St. Remigius, Peda-Künstführer 42, Passau: Kunstverlag-Peda.

Keller, Ferdinand, 1844, Geschichte der Inseln Ufenau und Lützelau im Zürichsee, in: Mittheilungen der Antiquarischen Gesellschaft in Zürich, 2. Band, Zürich: Meyer und Zeller, 9–32.

Kleinschmidt, Harald, 2005, Perception and Action in Medieval Europe, Woodbridge: Boydell Press.

Koudounaris, Paul, 2011, The Empire of Death. A Cultural History of Ossuaries and Charnel Houses, London: Thames & Hudson.

Koudounaris, Paul, 2014, Katakombenheilige. Verehrt, Verleugnet, Vergessen, München: Grubbe.

Koudounaris, Paul, 2015, Memento Mori. The Dead Among Us, London: Thames & Hudson.

Künstle, Karl, 1908, Die Legende der drei Lebenden und der drei Toten und der Totentanz. Nebst einem Exkurs über die Jacobslegende, Freiburg i. Br.: Herdersche Buchhandlung.

Lang, Jean-Michel, 1998, Ossuaires de Lorraine. Un aspect oublié du culte des morts, Metz Cedex: Editions Serpenoise.

Le Goff, Jacques, 1984, Die Geburt des Fegefeuers, Stuttgart: Klett-Cotta.

Marke, Doreen / Niederberger, Claus / Odermatt-Bürgi, Regula, 2008, Beinhaus/Totenkapelle Wolhusen. Totentanz, in: Historische Gesellschaft Luzern Jahrbuch 26, 171–185.

McGuire, Meredith, 1990, Religion and the Body. Rematerializing the Human Body in the Social Sciences of Religion, in: Journal for the Scientific Study of Religion 29,3, 283–296.

Meyer, André, 1978, Die Kunstdenkmäler des Kantons Schwyz I, Basel: Birkhäuser.

Moltman, Jürgen, 2006, Totentänze. Auferstehungstanz, in: Jürgen Moltman / Theo Sundermeier (Hg.): Totentänze. Tanz des Lebens, Frankfurt a. M.: Otto Lembeck, 9–43.

Müller, Iso / Steinmann, Othmar, 1956, Ein Badener Malermönch in Disentis. P. Fridolin Eggert, in: Badener Neujahrsblätter 31, 41–52.

Odermatt-Bürgi, Regula, 1976, Beinhäuser. Geschichte – Architektur – Funktion unter besonderer Berücksichtigung der Innerschweizer Beinhäuser. Liz.arb. Univ. Zürich.

Odermatt-Bürgi, Regula, 1977, Volkskundliches über die Beinhäuser der Innerschweiz, in: Der Geschichtsfreund, 129/1930, 183–214.

Odermatt-Bürgi, Regula, 1989, Pfarrkirche St. Peter und Paul in Stans NW, Bern: Gesellschaft für Schweizerischer Kunstgeschichte.

Odermatt-Bürgi, Regula, 1996, Todesdarstellungen in der Innerschweizer Kunst vom 14. bis 18. Jahrhundert, in: Der Geschichtsfreund 149, 125–191.

Odermatt-Bürgi, Regula, 2002, «Ein Schauwespihl bist der Eitelkeit ...». Die Ikonografie des Beinhauses von Unterschächen und die barocken Jenseitsvorstellungen, Altdorf: Historischer Verein Uri.

Odermatt-Bürgi, Regula, 2011, Todt: ich bit, schlag alles in die Schanz / Musst mit mier in den Todtedantz. Vom mittelalterlichen Totentanz zu den barocken Totentänzen in der Innerschweiz, in: 13. Münsterer Tagung. Mit dem Tod umgehen, 22–32.

Orsi, Robert, 2007, When 2+2=5, in: American Scholar 76, 2, 34–43.
Pfarrei St. Peter u. Paul Bürglen (Hg.), o. J., Unsere Kirche. Kurzführer durch die Pfarrkirche St. Peter und Paul, Bürglen UR, Erstfeld: Gasser. Online zugänglich unter: http://www.buerglen.ch/fileadmin/daten/gemeinde/dokumente/Kurzführer_Pfarrkirche_Bürglen.pdf (1.9.2014).
Poeschel, Erwin, 1942, Die Kunstdenkmäler des Kantons Graubünden IV, Basel: Verlag Birkhäuser.
Poeschel, Erwin, 1945, Die Kunstdenkmäler des Kantons Graubünden VI, Basel: Verlag Birkhäuser.
Papageorgopoulou, Christina / Siegmund, Frank et al., 2009, Poschiavo, Oratorio S. Anna. Anthropologische Untersuchungen an den neuzeitlichen Schädeln aus dem Beinhaus, in: Archäologischer Dienst Graubünden/Denkmalpflege Graubünden, Jahresberichte: http://www.academia.edu/1202860/Anthropologische_Untersuchungen_an_den_Schädeln_aus_dem_Beinhaus_von_Poschiavo_18._-_19._Jh._Graubünden_Schweiz_ (28.12.2014).
Reformierte Kirchgemeinde Zweisimmen, Beinhaus: http://www.refkirche-zweisimmen.ch/raeumlichkeiten/beinhaus (23.7.2015).
Reinle, Adolf, 1956, Die Kunstdenkmäler des Kantons Luzern IV, Basel: Verlag Birkhäuser.
Reinle, Adolf, 1963, Die Kunstdenkmäler des Kantons Luzern VI, Basel: Verlag Birkhäuser.
Riesebrodt, Martin, 2007, Cultus und Heilsversprechen. Eine Theorie der Religionen, München: Beck.
Riley, Athelstan, 1887, Athos, or the Mountain of the Monks, London: Longmans, Green, & Co.
Rudigier, Andreas, 2005, Kirchenbau und Ausstattung im Lichte der kunstgeschichtlichen Entwicklung, in: Andreas Rudigier (Hg.), St. Martin in Ludesch, Nenzing: Frei, 17–97.
Rothenhäusler, Erwin, 1951, Die Kunstdenkmäler des Kantons St. Gallen I, Basel: Verlag Birkhäuser, 260–262.
Sarbach, Josef, 1994, Beinhaus Leuk, Visp: Mengis Verlag.
Sauser, Gustav, 1962, Das Beinhaus von Galtür (1959), in: Nikolaus Grass (Hg.), Beiträge zur Kultur- und Kunstgeschichte Tirols 167, Innsbruck: Universitätsverlag Wagner, 27–34.
Schubiger, Benno, 1999, Die Denkmäler zur Dornacher Schlacht. Vom spätmittelalterlichen Beinhaus zum modernen Monumentalrelief, in: Jahrbuch für solothurnische Geschichte 72, 301–338.
Schulte, Brigitte, 1990, Die deutschsprachigen spätmittelalterlichen Totentänze. Unter besonderer Berücksichtigung der Inkunabel ‹Des dodes dantz› Lübeck 1489, Köln/Wien: Böhlau Verlag.
Schürer, Gustav, 1903, Die Kümmernis- und Volto santo-Bilder in der Schweiz, in: Freiburger Geschichtsblätter 10, 110–181.

Sjovold, Torstein, 1995, Testing Assumptions for Skeletal Studies by Means of Identified Skulls from Hallstatt, Austria, in: Shelly Saunders / Ann Herring (Hg.) Grave Reflections. Portraying the Past through Cemetery Studies, Toronto: Canadian Scholar Press, 241–281.

Sörries, Reiner, 1996, Die Karner in Kärnten. Ein Beitrag zur Architektur und Bedeutung des mittelalterlichen Kirchhofes, Kassel: Arbeitsgemeinschaft Friedhof und Denkmal.

Sörries, Reiner, 2003, Der mittelalterliche Friedhof, in: Norbert Fischer / Stiftung Zentralinstitut und Museum für Sepulkralkultur Kassel (Hg.), Raum für Tote. Die Geschichte der Friedhöfe von den Gräberstrassen der Römerzeit bis zur anonymen Bestattung, Braunschweig: Thalacker-Medien, 27–52.

Sörries, Reiner, 2005, «Kirchhof» oder Coemeterium? Anmerkungen zum mittelalterlichen Friedhof, zu den Sonderfriedhöfen und zur Auslagerung vor die Stadt, in: Norbert Fischer / Markwart Herzog (Hg.), Nekropolis. Der Friedhof als Ort der Toten und der Lebenden, Stuttgart: Kohlhammer, 23–34.

Steger, Martin / Fink, Josef, 1999, Die Schlachtkapelle von Sempach, Sempach: o. V.

Tschallener, Gabriele, 1994, St. Cornelius und St. Cyprian, Feldkirch-Tosters, Regensburg: Schnell und Steiner.

Walton, Joseph, 1888, Athos, in: The Friend. A Religious and Literary Journal LXI, 226.

Westerhoff, Wolfgang, 1989, Karner in Österreich und Südtirol, St. Pölten/Wien: Verlag Niederösterr. Pressehaus.

Wuckelt, Agnes, 2008, Wer nicht tanzt, weiss nicht, was sich ereignet. Tanz und Bibeldidaktik, in: Marion Keuchen / Matthias Lenz / Martin Leutzsch / Harald Schroeter-Wittke (Hg.), Tanz und Religion. Theologische Perspektiven, Frankfurt a. M.: Otto Lembeck, 144–156.

Wunderlich, Uli, 2010, Mors certa, Hora incerta – vom Totentanz auf dem Friedhof, in: Kunst + Architektur in der Schweiz 3, 46–55.

Wyrsch-Ineichen, Gertrud / Wyrsch-Ineichen, Paul, 1990, Lützelau und Ufenau, die beiden Inseln im Zürichsee, in: Mitteilungen des historischen Vereins des Kantons Schwyz 82, 21–33.

Wyss, Alfred / Pelican, Gion Martin, 1997, Katholische Pfarrkirche Mariä Himmelfahrt in Sagogn, Bern: Gesellschaft für Schweizerische Kunstgeschichte.

Zilkens, Stephan, 1983, Karner-Kapellen in Deutschland. Untersuchungen zur Baugeschichte und Ikonographie doppelgeschossiger Beinhaus-Kapellen, Köln: Kunsthistorisches Institut der Universität Köln.

Zihlmann, Josef, 1982, Wie sie heimgingen, Hitzkirch: Comenius-Verlag.
Zinsli, Paul, 1986, Walser Volkstum in der Schweiz, in Vorarlberg, Liechtenstein und Piemont. Erbe, Dasein, Wesen, Chur: Terra Grischuna Buchverlag.
Zuckerkandl, Emil, 1883, Beiträge zu Craniologie der Deutschen in Österreich, in: Mitteilungen der Anthropologischen Gesellschaft in Wien, 89–118.
Zuckerkandl, Emil, 1896, Bemalte Todtenschädel aus Oberösterreich und Salzburg, in: Österreichische Zeitschrift für Volkskunde 1–2, 80–81.

Adressen der in den Kurztexten behandelten Beinhäuser

Alvaschein (GR)
Kirche St. Peter Mistail
Curt da Mistail 50
7451 Alvaschein

Arvigo (GR)
Katholische Pfarrkirche San Lorenzo
6543 Arvigo

Bagnes (VS)
Katholische Pfarrkirche Saint-Maurice
Chemin de l'Église, Le Châble
1934 Bagnes

Bösingen (FR)
Katholische Pfarrkirche St. Jakobus der Ältere
Dorfplatz 12
3178 Bösingen

Bubikon (ZH)
Ritterhaus Bubikon
Ritterhausstrasse 35
8608 Bubikon

Bürglen (UR)
Katholische Pfarrkirche St. Peter und Paul
Kirchplatz
6463 Bürglen

Charmey (FR)
Katholische Pfarrkirche Saint-Laurent
1637 Val-de-Charmey

Cumbel (GR)
Katholische Pfarrkirche St. Stephan
7142 Cumbel

Domat/Ems (GR)
Ehemalige Pfarrkirche Sogn Gion
Crestas
7013 Domat/Ems

Dornach (SO)
Schlachtdenkmal
Klostergasse
4143 Dornach

Egerkingen (SO)
Katholische Pfarrkirche St. Martin
Martinstrasse
4622 Egerkingen

Eschenbach (LU)
Zisterzienserinnenabtei Eschenbach
Freiherrenweg 11
6274 Eschenbach

Falera (GR)
Alte Katholische Pfarrkirche St. Remigius
7153 Falera

Galtür (Österreich)
Katholische Pfarr- und Wallfahrtskirche
Mariä Geburt
6563 Galtür

Glis (VS)
Katholische Pfarrkirche Mariä Himmelfahrt
Dorfplatz
3900 Brig-Glis

Grosser St. Bernhard (VS)
Hospice du Grand-Saint-Bernard, Morgue
1946 Bourg-Saint-Pierre

Kestenholz (SO)
Kapelle St. Peter und Paul. St. Peterstrasse
4703 Kestenholz

Kirchbühl bei Sempach (LU)
Katholische Kirche St. Martin
Kirchbühl 259
6204 Sempach

Leuk (VS)
Katholische Pfarrkirche St. Stephan
Dorfplatz
3953 Leuk

Ludesch (Österreich)
Alte Pfarrkirche St. Martin
St. Martinsweg 163
6713 Ludesch

Lumbrein (GR)
Katholische Pfarrkirche St. Martin
7148 Lumbrein

Morlens (FR)
Chapelle Saint-Maurice-et-Médard
1674 Morlens

Naters (VS)
Katholische Pfarrkirche St. Mauritius
Beinhausweg
3904 Naters

Oberiberg (SZ)
Friedhofskapelle
Katholische Pfarrkirche St. Johannes
Schilpfau-Leh-Strasse
8843 Oberiberg

Poschiavo (GR)
Oratorio S. Anna
Plazza da Cumün
7742 Poschiavo

Rankweil (Österreich)
Katholische Pfarrkirche St. Peter
St.-Peter-Gässele
6830 Rankweil

Rickenbach (LU)
Katholische Pfarrkirche St. Margaretha
Kirchplatz 1
6221 Rickenbach

Sagogn (GR)
Katholische Pfarrkirche Mariä Himmelfahrt
Ustria sil platz
7152 Sagogn

Santa Maria di Calanca (GR)
Katholische Pfarrkirche Sta. Maria Assunta
Paese
6541 Santa Maria in Calanca

Saxon (VS)
Alte Kirche Saint-Maurice
Chemin de la Tour
1907 Saxon VS

Schwyz (SZ)
Kapelle St. Michael
Schulgasse 13
6430 Schwyz

Sempach (LU)
Schlachtkapelle
Schlachthof
6204 Sempach

St. Martin im Calfeisental (SG)
Kirche St. Martin
St. Martin im Calfeisental
7315 Pfäffers/Vättis

Stans (NW)
Katholische Pfarrkirche St. Peter und Paul
Dorfplatz
6370 Stans

Steinen (SZ)
Katholische Pfarrkirche St. Jakob
Dorfplatz,
6422 Steinen

Tisis (Österreich)
Kirche St. Michael
Feldweg 3,
6800 Feldkirch

Ufenau (SZ)
Ehemalige Pfarrkirche St. Peter und Paul
Insel Ufenau

Villmergen (AG)
Nothelferkapelle, Katholische Pfarrkirche
St. Peter und St. Paul
Kirchgasse
5612 Villmergen

Vrin (GR)
Katholische Pfarrkirche Mariä Geburt
und Johannes Baptist
Via Principala
7149 Vrin

Wolhusen (LU)
Katholische Pfarrkirche St. Andreas
Kirchgasse 9
6110 Wolhusen

Wolfenschiessen (NW)
Katholische Pfarrkirche Maria Geburt
Oberrickebachstrasse
6386 Wolfenschiessen

Bildlegenden

Seite 4/5: Leuk

Seite 6: Ludesch (A)

Seite 7: Ludesch (A)

Seite 10/11: Poschiavo

Seite 12: Reckingen

Seite 28/29: Cumbel

Seite 30: Domat/Ems (oben), Sagogn (unten)

Seite 31: Kirchbühl bei Sempach

Seite 33: Arvigo

Seite 49: Poschiavo

Seite 56: Söll (A) (oben), Kirchbühl bei Sempach (unten)

Seite 57: Ludesch (A)

Seite 58/59: Custoza (I)

Seite 82: Domat/Ems (oben), Steinen (unten)

Seite 83: Naters

Seite 84/85: Leuk

Seite 87: Naters

Seite 99: Wildschönau-Thierbach (A)

Seite 100/101: Bürglen

Seite 110/111: Eschenbach

Seite 112: Rickenbach (oben und unten)

Seite 113: Stans (oben), Domat/Ems (unten links), Steinen (unten rechts)

Seite 115: Stans

Seite 137: Glis

Seite 138/139: Leuk

Seite 140/141: Elbigenalp (A)

Seite 152/153: Mödling (A)

Seite 154: Rickenbach

Seite 155: Altdorf

Seite 157: Bubikon

Seite 170/171: Falera

Seite 172: Sevgein (oben), Schwyz (unten)

Seite 173: Stans

Seite 194/195: Custoza (I)

Seite 196: Wolfenschiessen

Seite 197: Rankweil (Feldkirch, A) (oben), Galtür (A) (unten)

Seite 199: Galtür (A)

Seite 206/207: Tisis (Feldkirch, A)

Seite 208: Söll (A) (oben), Leuk (unten)

Seite 209: Wil

Seite 224/225: Villmergen

Seite 226: Steinen

Seite 227: Rickenbach

Seite 232: Sevgein (beide)

Seite 233: Steinen (oben), Bubikon (unten)

Seite 240/241: Elbigenalp (A)

Seite 248: Domat/Ems

Seite 249: Glis

Seite 250: Eschenbach

Seite 251: Cauco

Seite 252: Charmey

Seite 253: Sevgein

Mehrsprachige Ortsbezeichnungen

Bagnes: deutsch Bagnis

Charmey: deutsch Galmis

Cumbel: deutsch Cumbels

Degen: deutsch Igels

Falera: deutsch Fellers

Grosser St. Bernhard: französisch Col du Grand Saint-Bernard

Leuk: französisch Loèche

Medel: deutsch Medels

Rueun: deutsch Ruis

Sagogn: deutsch Sagens

Salouf: deutsch Salux

Schmitten: romanisch Ferrera

Sevgein: deutsch Seewis im Oberland

Surcasti: deutsch Obercastels

Ortsregister

Begriffsregister

TESORO
E RETTA
ALA RICHEZZA

Kurzbiografien

Yves Müller ist Wirtschaftsinformatiker und leidenschaftlicher Fotograf, ausserdem Musiker und Sammler. Sein fotografischer Schwerpunkt liegt auf der Artefakt- und Objektfotografie sowie der Landschafts- und Konzertfotografie. Er spielt verschiedene Instrumente in mehreren Bands und arbeitet nebenbei in der IT-Branche.

Anna-Katharina Höpflinger studierte Theologie und Religionswissenschaft mit Schwerpunkt Klassische Antike. 2010 promovierte sie in Religionswissenschaft mit einer Arbeit über Drachenkampfmythen im Alten Orient und der Antike. Ihre Forschungsinteressen sind Medien und Religion, Kleidung, Körper und Religion sowie Religionsgeschichte Europas und der Antike.

Regula Odermatt-Bürgi ist in Stans aufgewachsen und lebt in Oberdorf NW. Sie studierte Kunstgeschichte, Ethnologie und deutsche Literatur an der Universität Zürich und schrieb ihre Lizentiatsarbeit über die Beinhäuser der Innerschweiz. 1970–2008 war sie Nidwaldner Kantonsbibliothekarin. Sie ist Gründungsmitglied der internationalen Totentanzvereinigung *Danses macabres* und des Vereins *Frauen in Nidwalden und Engelberg: Geschichte und Geschichten*. Sie publiziert Artikel und hält Vorträge vor allem zu den Themen Tod, Totentanz und Todesdarstellungen.

Jean-Pierre Brunner studierte von 1989 bis 1994 Theologie in Fribourg und Rom. Die Priesterweihe erfolgte am 11. Juni 1995. Zwischen 1995 und 2007 war er Pfarrer von Saas-Grund und Saas-Balen, von 2007 bis 2011 von Grächen. Zur selben Zeit absolvierte er ein berufsbegleitendes Fernstudium der Psychologie. Seit 2011 ist er Pfarrer in Naters.

Bild: © Jean-Pierre Brunner

Melanie Eyer ist im Oberwallis aufgewachsen und kam schon als Kind in Kontakt mit Beinhäusern. Sie studierte Kulturwissenschaften und Religionswissenschaft an der Universität Luzern und ist Hilfsassistentin an derselben Universität. Aktuelle Forschungsinteressen sind Religion und Tod, Kleidung, Körper und Religion, Jugendkulturen sowie Musik und Religion.

Paul Koudounaris lebt in Los Angeles, Kalifornien, und führt einen Doktortitel in Kunstgeschichte der Universität von Kalifornien in Los Angeles (UCLA). Er ist spezialisiert auf die Kultur des Todes auf einer visuellen Ebene. Als Autor und Fotograf publizierte er drei preisgekrönte Bücher: *The Empire of Death* (Thames and Hudson, 2011) erforscht die Geschichte, Entwicklung und Bedeutung von Beinhäusern. *Heavenly Bodies* (Thames and Hudson, 2013) befasst sich mit der Geschichte von Katakombenheiligen. *Memento Mori* (Thames and Hudson, 2015) behandelt den spirituellen Kontext von menschlichen Gebeinen aus einer globalen und kulturübergreifenden Sicht.

Bild: © Mark Berry

Tod.